리얼Real
작곡가·작사가
프로듀서

가나출판사

세상을 흥분하게 하는 음악을 만드는
작곡가, 작사가, 프로듀서

여러분에게 음악은 어떤 의미인가요? 즐거움? 위로? 아니면 생활의 일부? 우리는 하루에 꽤 많은 시간을 음악과 함께 합니다. 길을 걸을 때는 스마트폰과 연결된 이어폰에서 음악이 흐르고, 편의점에서, 길거리에서, 이런 저런 음악을 듣게 되지요. 클래식, 재즈, 팝송, 동요, 애니메이션 주제가, 광고음악, 국악 등 세상에는 수많은 음악이 있습니다. 그리고 이렇게 다양한 음악 중에서도 우리가 가장 사랑하는 것이 바로 대중음악입니다.

요즘 K-POP은 국내뿐만 아니라 전 세계적으로 큰 인기를 얻고 있습니다. 인기 비결이요? 기획사의 노하우, 아이돌 스타들의 남다른 끼, 그리고 무엇보다 중요한 건 음악적 완성도가 높기 때문이겠지요. 최신 트렌드를 잘 살린 멜로디, 중독성 있는 후렴구는 해외 유명 팝음악과 견주어도 손색이 없다는 평가를 받고 있습니다. 바로 이런 음악을 만드는 사람들이 K-POP 작곡가, 작사가, 그리고 프로듀서입니다. 그렇다면, 스타를 만들고 세상을 흥분시키는 작곡가, 작사가, 프로듀서가 되려면 어떻게 해야 하는 걸까요? 우리나라를 넘어 세계인들의 사랑을 받는 K-POP을 만들기 위해서는 무엇을 공부하고, 어떻게 준비해야 하는 걸까요?

뮤지션을 꿈꾸는 청소년들을 위해 다섯 명의 멘토를 만났습니다. 다섯 명 모두 우리가 좋아하는 곡들을 직접 만든 뮤지션들입니다. 사실 대중음악 뮤지션이 되는 방법은 정해져 있는 게 아닙니다. 하지만 인터뷰에 나오는 여러 뮤지션의 다양한 사례를 참고한다면 나에게 맞는 방법을 찾을 수 있을 것입니다.

뮤지션의 꿈을 간직한 청소년들에게 도움이 되고 싶다며 기꺼이 인터뷰에 응해 주신 신혁 프로듀서님, 리원 작곡가님, 델리보이 작곡가님, 리먼 작곡가님, 마플라이 작사가님과 '줌바스 뮤직그룹'의 모든 분들에게 깊은 감사의 말씀을 전합니다.

〈MODU〉 매거진 편집부, 박경임

프로듀서 J가 들려주는 이야기

이번에 의뢰 받은 곡은 여자 아이돌 그룹인 'P'의 미니앨범 타이틀 곡. 지금껏 주로 남자 아이돌 노래만 작업했기 때문에, 이번 일은 특히 어렵게 느껴진다.

콘셉트를 어떻게 잡느냐가 관건인데……. 그룹 P는 벌써 데뷔 5년차. 여자 아이돌 중에서도 이제 중견 그룹에 속한다. 청순하고 발랄한 신인 아이돌이 쏟아지는 요즘, 그룹 P는 좀 더 성숙한 이미지로 차별화를 두면 어떨까? 이제 겨울도 코앞이니, 상큼한 곡보다는 고급스러우면서도 지루하지 않은 미디엄 템포의 댄스곡으로 말이지. 과감한 미니 드레스를 입은 그룹 P가 스탠딩마이크 앞에 서서 빅밴드 음악에 맞춰, 마음껏 성량을 뽐낸다! 그리고 '비욘세'처럼 힘 있게 춤을 춘다! 상상만 해도 설렌다. 콘셉트를 잡았으니 이제 기획사에 의견을 물어볼 차례! 기획사에서 동의한다면, 바로 곡 작업에 들어가야지.

힘 있고 화려한 분위기에 어울릴 작곡가라면, K와 B가 딱이다. K는 클래식음악 전공이라 오케스트라나 밴드 음악 등의 악기 구성을 잘 하고, B

는 알앤비 소울 풍의 멜로디 메이킹을 잘 한다. 기획사도 콘셉트에 동의했다고? 좋아! 그럼 이제 마음 놓고 작곡 의뢰를 해 볼까?

작곡가 K가 들려주는 이야기

프로듀서 J의 의뢰 메일을 확인하고, 어제는 온종일 옛날 노래를 들었다. 최근에는 트렌드를 쫓느라 매일 신곡만 들었는데, 이번 의뢰는 1960년대의 재즈와 블루스를 참고해야 할 것 같았다.

혼자 작곡을 할 때도 있지만, 프로듀서 J가 이번에는 B와 함께 작업하기를 권했다. 지난번에 공동 작업한 결과가 좋아서 이번에도 같이 하면 어떻겠냐고 제안한 것이다. 나도 B와 작업하게 되어 한결 마음이 놓인다. 나는 클래식음악 전공이라 악기 구성에 강한 반면 재즈나 흑인음악에는 약한데, B는 실용음악 공부를 해서 블루지한 멜로디를 만드는 데 정말 천재적이다. 내가 먼저 빅밴드 풍의 반주를 만든 후, B에게 멜로디를 부탁하려고 한다. B가 멜로디까지 다 만들면 몇 번의 합의와 수정을 거쳐 하나의 곡이 완성될 것이다.

그런데 이번 노래 가사는 누가 쓰게 될까? 아, 프로듀서님에게 작사가 L을 추천해 봐야겠군. 작년에 한 가수의 솔로앨범 타이틀 곡 가사를 쓴 걸

보니까 내용이 대범하면서도 귀에 탁 꽂히는 것이 일품이었다. 이 노래 가사도 작사가 L이 써주면 참 좋을 텐데…….

작사가 L이 들려주는 이야기

메일을 열어보았다. 역시나 급한 의뢰. 모레가 마감이니 주어진 시간은 고작 이틀이다. 다행히 이번 곡은 아티스트가 공개되어 있었다. 가수의 이미지나 성향을 고려하여 작사를 하니까 누가 부를지 알고 쓰는 게 훨씬 편하다.

첨부파일을 눌러 노래를 틀어보았다. 어라? 꽤 묵직하고도 힘 있는 곡이다. 빅밴드 반주에 적당히 스윙과 재즈가 섞인 느낌? 세련되면서도 너무 빠르거나 어둡지 않고, 춤추기 좋은 템포다. 노래가 힘 있으면서도 경쾌하니까, 시원시원한 성격의 여자를 모델로 가사를 써볼까? 막 소개팅을 한 남자에게 직진하는 이야기면 어떨까? 하나의 단편 영화라고 생각하고 캐릭터와 상황을 구체적으로 정하면 어느새 가사가 술술 나온다.

어느 정도 작사를 하고 나면, 직접 노래를 불러서 가사가 입에 붙는지 확인해 본다. 그런데 하고 싶은 말을 다 욱여넣었더니 이대로 부르면 숨쉬기 힘들겠어. 게다가 그룹 P의 멤버중 한 명인 J는 재미교포 출신이라 아직 우리말 발음이 어눌한 편이다. 좀 더 쉬운 단어로 고쳐줘야 하려나? 꽤 재미있는 가사가 나올 것 같은데……. 하지만 기획사에서 채택해 줄지는 미지수다. 분명 나 말고 여러 작사가에게 가사 의뢰를 맡겼을 테니까.

다시 프로듀서 J의 이야기

지금까지의 작업은 모두 만족스럽다. 기획사에서도 곡과 가사가 모두 마음에 든다며 선뜻 채택해 주었다. 이제 남은 건 실전뿐. 편곡까지 일사천리로 끝나고, 내일은 드디어 그룹 P의 멤버들과 함께 대망의 보컬 녹음을 한다. 나와 함께 보컬 디렉팅을 하기 위해 작곡가 K도 스튜디오에 올 것이다. 아까 그룹 P의 매니저 얘기를 들어보니 메인 보컬인 H가 약간 감기에 걸린 상태라고 한다. 녹음을 무사히 끝낼 수 있을지 조금 걱정된다.

하나의 곡을 완성하기까지 내 의견이 닿지 않는 곳이 단 한 군데도 없다. 솔직히 힘들지 않다면 거짓말이다. 그래도 나는 이 일이 좋다. 단 한 곡의 작품을 완성하기 위해, 나를 따르며 노력한 수많은 이들을 위해서라도 끝까지 최선을 다 할 것이다. 미신 같은 건 믿지 않지만, 그룹 P의 신곡이 '대박'나게 오늘 밤에는 돼지꿈이라도 꿨으면 좋겠다. 제발!

차 례

chapter 2 음과 음의 겹을 쌓는 작곡가

사람들도 많다던데, 너무 궁금해요.

Q4 떠오르는 멜로디가 있는데 악보를 그릴 줄 몰라요. 악보로 만들고 싶을 때는 어떻게 하죠?

Q5 집에서 혼자 미디 음악 작곡을 공부하고 싶습니다. 기본적인 장비와 미디 프로그램이 궁금해요.

음악에 생기를 불어넣는 **작사가**

Q1 내가 만든 음원을 다른 사람이 함부로 사용하는 걸 막고 싶어요.

Q2 무료로 배포된 음악에도 저작권이 있나요?

Q3 전 세계에서 음원 수익을 가장 많이 거둔 곡이 궁금해요!

Q4 음원이 하나 팔릴 때마다 노래를 만든 사람들이 받는 저작권료는 얼마인가요?

Q5 작곡가, 작사가, 편곡자 중 누가 저작권료를 더 많이 받나요?

Q6 우리나라에서 가장 저작권료를 많이 받는 사람이 궁금해요

Part 2
예비 뮤지션을 위한 콕콕 멘토링

chapter 1 작곡가

chapter 2 작사가

chapter 3 함께 알면 **좋은 정보**

instrumental MUSIC
audio VOLUME AUDIO music ALBUM
BASS RECORD ROCK SONG MELODY music
SONG rock sound live
INSTRUMENTAL
tempo STRING SINGLE INSTRUMENTAL BAND MUSIC SONG
concert SOUND tempo
AUDIO STAR concert BAND volume MELODY tempo audio SINGLE MELODY RHYTHM audio volume SONG
melody
music GUITAR band SOUND INSTRUMENTAL
MELODY POP audio
music
SOUND band melody
rock tempo guitar
melody star
single SOLO
music AUDIO
RHYTHM INSTRUMENTAL
BAND melody
audio VOLUME
SONG pop
BAND MUSIC STAR tempo audio melody INSTRUMENTAL MUSIC VOCALS SONG record LIVE concert ALBUM SONG bass STAR album
SONG solo
RHYTHM pop
concert MELODY
guitar FREEDO
SOUN
pop BA
record bass mel
SOUND
VOLUME INSTRU
piano
AUDIO
star
music
SINGLE
MUSIC SOUND VOLUME SONG AUDIO INSTRUMENTA

Part 1

K-POP의 세계가 궁금한 청소년,
K-POP 작곡가·작사가·프로듀서가 되고 싶은
청소년을 위한 진짜 뮤지션 이야기

뮤지션이 들려주는 뮤지션 이야기

Y BAND STAR

기획부터 제작까지! 프로듀서의 세계

chapter 1

프로듀서 **신혁**

'줌바스 뮤직그룹'의 대표이며 프로듀서로 일하고 있다.

어린 시절 아버지가 가져오신 장난감 피아노로 작곡을 시작. 초등학생 때부터 자신이 만든 곡을 빌보드 차트에 올리고 싶다는 꿈을 키웠다. 그리고 스물다섯 살이 되던 해, 세계적으로 유명한 팝 가수 저스틴 비버가 신혁이 만든 노래를 불러 빌보드 싱글 차트 16위에 올라 그 꿈을 이루었다. 우리에게는 EXO의 〈으르렁〉, 샤이니의 〈Dream Girl〉, 빅스의 〈저주인형〉 등을 만든 작곡가로 유명하다.

현재 미국과 한국을 오가며 음악 프로듀싱을 하는 것은 물론, 후배 뮤지션을 양성하는 일에도 힘쓰고 있다.

프로듀서의 역할이
궁금해!

인터넷에서 **'신혁'**이라고 검색하면, '으르렁 작곡가'라는 연관 검색어가 뜹니다. 그만큼 **작곡가**로 유명하신데요, **프로듀서**로도 활발하게 활동하신다고 들었습니다. 두 가지 일을 다 하시는 건가요?

네, 두 가지를 다 하는 셈이죠. 프로듀서는 곡의 콘셉트를 정하는 일부터 마지막 레코딩까지 전체 과정을 이끄는 사람인데, 음악을 이해하는 능력이 무엇보다 중요해요. 그래서 저와 같은 작곡가 출신 프로듀서가 많습니다. 곡을 가장 잘 이해하는 사람이 바로 작곡가이니까요.

프로듀서는 어떤 직업인지 좀 더 설명해 주세요.

프로듀서가 하는 일은 영화감독과 비슷하다고 보면 돼요. 영화감독은 스크립트(대본)도 다 꿰고 있어야 하고, 배우들의 연기도 지도하고, 촬영장소의 배경, 조명, 의상 등 영화의 모든 것을 전부 총괄해요. 그렇다고 해서 직접 촬영을 하거나 편집을 하거나, 영화음악을 만들거나 하지는 않죠. 대중음악 분야에서 영화감독과 같은 역할을 하는 사람이 바로 프로듀서랍니다.

프로듀서는 직접 음악을 연주할 필요는 없지만, 대신 음악을 보는 눈과 최고의 곡이 완성되도록 이끄는 능력을 갖춰야 합니다. 곡의 콘셉트를 잡는 일부터 곡에 맞는 작곡가나 작사가를 찾고, 가수의 음역을 확인하고, 어떤 악기를 어떻게 배치할 것인지 등을 확인해요.

한마디로 곡을 만드는 모든 과정을 총지휘하는 사람이 바로 프로듀서입니다.

알 듯 모를 듯하네요.(웃음) **음악이 만들어지는 과정**을 이해한다면 프로듀서라는 직업을 더 잘 이해할 수 있을 것 같아요. 하나의 곡이 만들어지기까지 어떤 **과정**을 거치게 되나요?

우선 곡의 분위기와 콘셉트를 기획합니다. 그리고 기획 의도에 맞는 작곡가와 작사가를 찾죠. 곡이 완성된 후 가사를 결정하고, 편곡을 합니다.

그 다음에 가수가 노래를 불러요. 이때 주로 작곡가와 프로듀서가 함께 보컬 디렉팅을 합니다. 필요하다면 하모니(백그라운드)도 삽입하고요.

가수의 녹음이 끝난 후에는 곡을 수정하는 포스트 프로덕션 작업을 하는데, 이때 악기 소리를 잡아주는 믹싱을 하고, 볼륨을 조절하는 등 곡에 들어가는 모든 소리를 하나로 어우러지게 하는 마스터링 작업을 합니다. 프로듀서는 이 모든 제작 과정을 책임지고 지휘합니다.

이야기를 나누다보니 프로듀서는 음악뿐만 아니라, **다방면의 능력과 소양을 필요**로 하는 직업인 것 같아요. 프로듀서가 되려면 어떤 **자질**이 꼭 필요할까요?

실력 좋은 프로듀서가 되려면 인내심과 리더십이 정말 중요해요. 곡을 만든다는 게 사람과 사람이 만나 협의하며 눈에 보이지 않는 무형의 작품을 만드는 거잖아요. 언제든지 의견이 서로 다른 방향으로 나뉠 수 있기 때문에, 다른 사람의 의견을 들으면서도 내 의견을 관철하는 유연함이 필요해요. 결국 그 바탕은 '사람'인 것 같아요.

사실 프로듀서로서 일을 하다보면 어떨 때는 음악에 대한 고민보다는 사람에 대한 고민이 더 커요. 프로듀서는 모든 걸 총괄하는 감독이기 때문에 곡이 잘 나올 때는 뮤지션들을 응원하고, 안 될 때는 토닥여줘야 해요. 작곡자의 곡 해석과 저의 의견이 다를 때도 있고 노래를 부르는 가수와 의견이 다를 때도 많아요. 이 모든 걸 아우르고 조화를 이뤄야만 하나의 작품이 완성되죠. 그래서 프로듀서로서 일을 할수록 인내심과 리더십이야말로 프로듀서에게 가장 중요한 덕목이 아닐까 하는 생각이 들어요.

또 하나 덧붙이자면 트렌드에 정말 민감해야 해요. 과거의 성공에 안주하는 프로듀서들도 많은데, 잠시 주춤하면 재능이 넘치는 신인 프로듀서들이 무섭게 치고 올라오니까 항상 긴장하고 있어야 해요.

프로듀서라는 직업의 **장점**과 **단점**에 대해 말씀해 주시겠어요?

장점이라면, 나의 작품을 대중들에게 선보일 수 있다는 거예요. 저는 제가 만든 곡을 사람들이 좋아할 때 가장 행복해요. 그게 이 일을 하는 이유예요.

단점은 우선, 수입이 안정적이지 않아요. 그래서 싱어송라이터로서 직접 앨범을 내거나, 공연을 기획하거나, 직접 가수를 키우는 식으로 비즈니스 영역을 넓히는 프로듀서들이 많습니다. 이럴 경우, 위험부담이 큰 대신 수익구조도 다각화 되니까요.

가장 힘든 점은 자신의 판단과 선택에 따라 성공과 실패가 극명하게 나뉜다는 점이에요. 남들보다 앞서야 한다, 완벽해야 한다는 스트레스가 큽니다.

❝한 곡의 노래가 완성되기까지!❞

하나의 곡이 완성되어 발표되기까지 어떤 과정을 거치게 되는 지를 알면, 각 단계에서 어떤 사람들이 참여하여 어떻게 협업하는지를 이해하는 데 도움이 됩니다. 노래가 완성되는 과정은 음악 장르나 참여자, 작업을 진행하는 회사 등에 의해 차이가 날 수 있지만, 공통적인 과정을 정리하자면 아래와 같이 7단계로 나누어 볼 수 있습니다.

1. 콘셉트 회의

좋은 곡을 먼저 만든 다음 그 곡이 어울릴 만한 가수에게 제안하여 부르는 경우도 있지만, 아이돌 가수와 같이 콘셉트를 명확하게 하여 활동하는 경우에는 곡 작업을 하기 전에 콘셉트 회의부터 진행합니다. 유행하는 문화의 경향이나 해외 음악의 흐름 등을 철저히 조사하여 이를 공유하고, 소속 가수에게 어떻게 적용할 지를 정하는 회의입니다. 이 회의를 통해 곡의 분위기, 안무와 스타일의 방향 등을 논의하고 결정합니다.

2. 작곡가와 작사가 섭외

콘셉트에 어울리는 곡을 쓸 만한 작곡가와 작사가를 조사하여 작업을 의뢰합니다. 한 사람에게 제안하기보다 여러 작곡가에게 제안하여 곡을 받은 다음, 결정하는 경우가 많습니다.

3. 작곡

예전에는 멜로디를 먼저 완성한 후 편곡 과정에서 곡 전체를 완성하는 경우가 많았지만, 요즘은 달라졌습니다. 코드를 짜고 곡 전체 분위기를 결정하는 반주를 먼저 만든 후에 멜로디를 입히는 경우가 많아졌습니다. 그래서 코드 작업을 하는 작곡가와 멜로디를 만드는 작곡가를 따로 기용하는 경우도 많습니다.

4. 작사

예전에는 좋은 가사가 나오면 거기에 맞게 멜로디를 쓰는 경우도 적지 않았습니다. 하지만 요즘은 곡이 완성된 후 가사를 붙이는 경우가 더 많습니다. 일명 '후크송(hook song)'의 경우, 중독성 있는 후렴구에 반복적인 가사를 더하여 대중성과 상업성을 높이기 때문에, 최신 유행의 K-POP 곡은 대부분 곡이 완성된 후 작사를 합니다.

5. 편곡

완성된 곡을 더욱 돋보이게 해 주는 악기 편성, 효과음 구성, 추가적인 반주 편곡 등을 진행합니다. 멜로디와 반주, 가사가 모두 어우러지도록 조율하는 작업을 합니다.

6. 보컬 녹음

완성된 곡에 맞춰 가수가 노래를 부르고 녹음하는 과정입니다. 프로듀서와 작곡가가 함께 참여합니다.

7. 최종 프로덕션

노래가 완성되는 최종 단계입니다. 녹음된 보컬을 가다듬고 곡 전체를 믹싱합니다. 반주와 보컬이 서로 어우러지도록 볼륨 조절을 하고 마스터링 과정을 거칩니다.

빌보드 차트를 꿈꾸던 아이,
꿈을 이루다!

어느 인터뷰 기사를 읽어보니, **초등학생 때부터 꿈이 빌보드 차트에 오르는 것**이었다고 하셨더라고요. 초등학생의 꿈치고는 굉장히 **원대하면서도 구체적**이어서 놀랐어요. 그런데 실제로 저스틴 비버의 곡을 만들어 빌보드 차트에 진입했어요.

정말 당돌한 초등학생이었죠?(웃음) 제가 그 무렵 팝송을 정말 좋아했어요. 당시 인기를 끈 백스트리트 보이즈(Backstreet Boys), 엔싱크(N Sync)와 같은 팝 스타들의 음악에 관심이 많았어요. 여러 장르 중에서도 특히 흑인 음악이랑 팝 음악을 좋아해서 많이 들었죠. 팝을 너무 좋아했기 때문에 미국에 가서 음악을 하고 싶었어요. 사실 누구나 이루고 싶은 꿈이잖아요. 그때만 해도 미국에 제대로 진출한 한국인 작곡가가 거의 없었기에 꼭 해보고 싶었어요.

어느 날 브리트니 스피어스(Britney Spears)의 노래를 우연히 들었는데, 후렴 부분이 당시 제가 작곡한 노래와 굉장히 흡사한 거예요. 정말 깜짝 놀랐어요! 그걸 들으니 '어, 이런 노래가 인기를 끈다면, 나도 미국에서 성공할 수 있겠네.'라는 생각이 막연히 들었어요. 웃기죠?

작곡을 시작한 동기가 궁금해요!

어릴 때 아버지께서 장난감 피아노를 가져오셨는데, 여러 소리가 나는 게 너무 신기한 거예요. 즐겁게 뚱땅거리며 갖고 놀았는데, 희한하게도 어느새 제가 작곡을 하고 있었어요. 친구들은 놀이터에서 뛰어노는데, 저는 집에서 건반으로 노는 게 너무 재밌었어요. 그 후 아버지께서 피아노를 한 대 가져오셔서 계속 건반과 작곡을 하게 되었어요.

그럼, 초등학생 시절부터 본격적인 작곡 공부를 시작하신 건가요?

초등학생 때부터 작곡을 하기는 했는데, 본격적으로 시작한 건 중학교 2학년 때에요. 당시 저희 학교에 현진영의 〈흐린 기억 속의 그대〉를 만든 작곡가가 동아리 담당 선생님으로 오셨어요. 그 동아리가 '컴퓨터음악부'였는데, 원래 농구부에 들어가려다가 마음이 바뀌어서 들어간 거였죠.
어릴 때 아버지가 신시사이저(synthesizer) 얘기를 해 주셨는데, 그게 너무 궁금한 거예요. 컴퓨터음악부에서는 그걸 직접 해 볼 수 있을 거라는 생각에 들떴어요. 동아리는 제 기대보다 더 재미있었어요. 너무 신나서 열심히 하니까, 선생님께서 기특했는지 개인 스튜디오 구경도 시켜주고 신시사 이저도 추천해 주고……. 여러 모로 도움을 주셨어요. 정말 잊지 못할 추억이 많은 시절이에요. 그때 컴퓨터 음악을 접하면서 친구랑 둘이 알이에프 (Ref)와 같은 당시 인기 있던 댄스 가수들이 부르던 스타일의 곡을 만들기 시작했어요. 저에게는 그 모든 과정이 자연스럽게 이어졌어요.

스무 살에 자작곡으로 **가수 데뷔**를 하셨던데, 데뷔 후 얼마 되지 않아 유학을 떠나셨어요. 특별한 **이유**가 있었나요?

가수로 데뷔할 계획은 전혀 없었어요. 그런데 우연히 알게 된 음반 제작자께서 만들어놓은 곡도 많으니 앨범을 내보겠냐고 하셔서 발표하게 됐고, 별다른 활동 없이 계획대로 대학에 진학했어요.
빌보드 차트에 제가 만든 곡을 올리고 싶다는 목표가 있었기 때문에 미국으로 유학을 갔어요. 솔직히 입학은 했지만 학교생활은 제대로 하지 않았어요. 오직 좋은 곡을 써서 좋은 가수를 통해 발표하고 싶다는 생각만 했어요. 학업보다는 실제로 곡을 발표하는 게 제 목표였죠.

학생 신분으로, 그것도 **미국에서 프로듀서**가 된다는 게, 말처럼 쉬운 일이 아니잖아요. **용기**가 대단하신 것 같아요.

저는 그냥 좋은 곡을 만들고 싶었어요. 목표가 확실했기 때문에 가리지 않고 닥치는 대로, 프로듀서가 되는 데 도움이 되는 것이라면 다 도전했어요.

준비 과정에서 뜻이 잘 맞는 미국 친구가 생겨서 파트너로 함께 작업했어요. 아는 사람 소개를 받거나 한 것도 아닌데, 무작정 뉴욕의 유명 기획사들을 찾아가 데모 테이프를 전달했어요. 기획사나 공연장을 찾아다니며 저희 곡을 들어달라고 부탁하기도 했죠. 마이스페이스 같은 SNS에도 작업한 곡을 올려두었어요.

시간과 방법을 가리지 않고 계속해서 길을 찾다보니, 점차 저희가 만든 음악에 관심이 있는 사람들에게서 연락이 오더라고요. 저를 찾는 사람들이 하나, 둘 생기면서 인맥도 생겼고, 오랜 시간을 견디며 작업하다보니 내공도 생겼어요.

미국에서 **프로듀서**로서 **인정**받게 된 계기는 무엇이었나요?

좋은 기회는 꼭 포기하려 할 때쯤 오는 것 같아요. 정말 극적으로 일이 풀렸어요. 유학을 떠난 지 4년이 지나 졸업이 코앞일 때인데, 곡이 너무 안 팔리는 거예요. '아, 이제 정말 한국으로 돌아가야 하는 건가?' 하고 고민하던 때에 기적적으로 팝스타인 저스틴 비버에게 곡이 팔렸어요. 얼마 지나지 않아 미국의 대형 음반사인 에픽 레코드와 계약도 하게 되었고, 이후 프로듀서로서 길이 열렸어요. 완전 구사일생이었죠.

저는 사람들에게 꿈을 쉽게 포기하지 말라고 얘기해요. 제 경험에서 우러난 조언이지요.

낯선 곳에서 인맥도 없이 무작정 **도전**한다는 게 정말 힘들었을 텐데요, **포기하고 싶은 순간**도 많았을 것 같아요. **가장 힘들었던 점**은 무엇이었나요?

작곡가는 곡을 팔아야 하는 직업이에요. 아무리 좋은 곡을 몇백 곡씩 만들어도 발표되지 않으면 의미가 없어요. 곡이 팔리지 않는 것에 대한 압박감이 정말 컸어요. 너무 힘들었죠. 만족할 만한 결과가 나오지 않으니까 나를 믿어준 사람들에게 너무 미안했어요. 고생 중에는 역시 마음고생이 가장 힘든 것 같아요.(웃음)

"저는 그냥 좋은 곡을
만들고 싶었어요.
목표가 확실했기 때문에
가리지 않고 닥치는 대로,
프로듀서가 되는 데
도움이 되는 것이라면
다 도전했어요."

어떻게 하면 프로듀서가
될 수 있을까?

프로듀서에 **적합한 사람**이 따로 있을까요?

우선 음악을 정말 사랑해야 해요. 자주 듣고 좋아하는 것만으로는 부족해
요. 여러 종류의 음악을 편식하지 않고 다 들어야 하고, 음악뿐만 아니라
모든 세상의 흐름에 대해 예민하면서도 그것을 스펀지같이 빨아들일 수 있
어야 해요. 예를 들면 지금 읽고 있는 이 책, 이 인터뷰의 내용도 어떻게 음
악으로 표현할 수 있을까 생각하는 거죠. 세상의 모든 자극이 음악으로 이
어지는 것이야말로, 프로듀서에게 가장 필요한 재능이라 생각합니다.

프로듀서가 되고 싶은 학생들은 **어떤 준비**를 해야 할까요?

저는 프로듀서가 되려면 반드시 음악 공부가 필요하다고 생각해
요. 음악은 음계를 아는 것부터 시작되기 때문에, 우선 피아노 배우는 걸

권하고 싶어요. 건반을 칠 수 있는 사람과 못 치는 사람은 작곡을 할 때 큰 차이가 있어요. 실제로 작곡가 지망생들을 만나보면 괜찮은 멜로디나 좋은 반주 코드를 짜놓고도 스스로 연주를 못 하다 보니 다른 사람 손을 거치게 되고, 그 과정에서 결과물이 처음 의도와 다르게 나와서 당황하는 경우도 종종 볼 수 있어요. 나의 의도대로 곡을 만들면서 곡의 완성도 역시 높이려면 무엇보다 기본기를 잘 갖추는 게 중요해요.

또, 음악을 들을 때 한 곡을 최대한 세분화해서 들어보세요. 작곡적인 부분, 멜로디, 가사, 곡의 콘셉트까지 하나하나 꼼꼼히 따져 듣고 파악하는 연습을 한다면 나의 곡을 만드는데 도움이 될 거예요. 이 과정을 통해 자신의 장점과 단점도 파악할 수 있어요. 음악에 대한 센스가 있는 사람이라 해도 어떤 사람은 멜로디 파트를 잘 쓰고, 어떤 사람은 편곡을 잘 하고, 서로 차이가 있거든요. 곡을 만드는 전 과정을 알고 하나씩 도전해 봐야만 내가 진짜 어느 부분에 소질이 있는지를 알 수 있어요.

저는 곡을 만들거나 프로듀싱할 때, 작사는 전문가에게 맡기되 모티브를 주는 식으로 작업해요. 그리고 저는 작곡이나 프로듀싱에 더 집중해요. 제가 작곡할 때 설정한 모티브로 전문 작사가가 가사를 만들다보니 곡에 어울리면서도 매끄러운 가사가 나오는 거죠. 이처럼 자신의 장점과 단점을 잘 알고, 그에 대한 음악적 대안을 찾으며 개선하다보면 자연스럽게 좋은 프로듀서가 될 수 있을 거예요.

요즘 예술 고등학교나 대학에도 대중음악을 배우고 만드는 **실용음악**

학과가 많이 생겼는데요. **관련 학교에 진학하는 것**이 프로듀서의 꿈을 이루는 데에 도움이 된다고 생각하시나요?

이건 정말 대답하기 조심스러운 질문이네요. 학교를 다니면서 배울 수 있는 부분이 분명히 있어요. 화성이나 이론을 알면 곡을 만들고 프로듀싱 하는 데 정말 도움이 되지요. 하지만 '대중음악을 만들고 싶으면 꼭 학교를 다녀야 한다.'라고 단정 지을 수는 없을 것 같아요. 요즘은 유튜브나 페이스북에는 작곡을 배울 수 있는 동영상들이 넘쳐요.

저는 미국에서 음악대학에 다녔지만, 미국에 간 목적은 음악을 배우기보다는 곡을 빨리 파는 것이 최대 목적이었어요. 학교는 미국에 가기 위한 하나의 발판이었던 거죠.

관련 학교에 꼭 다닐 필요는 없다는 게 제 생각입니다. 하지만 제대로 배우고 전공하는 것의 장점을 부정하고 싶지는 않습니다. 어떤 방법으로 공부하고 실력을 키워갈지에 대해서 자신에게 맞는 방법과 길을 찾아 더 잘 맞는 방법을 결정해야겠죠. 결국 자기 스스로 헤쳐나가는 것이니까요.

프로듀서가 되는 데 도움이 되는, 추천하고 싶은 **교육 과정**이 있다면 소개해 주세요.

사실 작곡이나 프로듀싱에는 정답이 없습니다. 교육 과정이라기보다 제 경험에 비추어 꼭 필요한 공부들을 추천해 드릴게요.

예전에는 작곡이나 편곡을 하려면 신시사이저와 같은 악기가 필요했는데, 장비들이 워낙 고가라서 개인이 구매하려면 부담이 컸어요. 장비를 사지 못해서 아예 시도를 못하기도 했지요. 하지만 요즘은 컴퓨터로 쉽게 곡을 만들고 편곡도 할 수 있어요. 저는 자작곡만 고집하기보다 다른 사람들의 곡을 많이 편곡해 볼 것을 권해요. 편곡을 위해 다른 좋은 곡들을 듣다보면 좋은 멜로디, 좋은 코드 진행, 색다른 악기 편성 등을 자연스럽게 익힐 수 있어요.

두 번째로는 건반과 화성은 기본이니 꼭 공부해두는 게 좋다고 생각해요. 느낌만으로 하기보다 기초를 알고 하면 더 제대로 할 수 있으니까요.

마지막으로 대중음악을 만들고 싶다면 보컬리스트에 대한 이해가 높아야 해요. 보컬 가이드 과정에서 그들이 알아듣지 못하는 말로 얘기를 하거나 뜻대로 되지 않는다고 해서 화를 낸다면 좋은 결과물을 만들 수가 없어요. 보컬에 대한 이론적 이해를 위한 공부를 해둔다면 자신의 뜻대로 노래가 녹음되도록 이끄는 데 큰 도움이 될 거예요.

클래식음악을 공부하다가 **대중음악**으로 넘어온 뮤지션의 경우, 어떤 **장점**이 있을까요?

클래식음악에서 숙지한 음악적 이론 지식이 큰 장점이 될 거라 생각해요. 다만, 계속 배워온 체계적인 커리큘럼 속에서 일종의 '고정관념'이 생겼을 수도 있는데요, 이러한 단점을 깨닫는 훈련을 반드시 병행해야 할 겁니다.

프로듀서는 **어떻게 되는 것인지**, 업계에 **진입하는 방법**이 궁금합니다.

공식적인 진입방법은 따로 없어요. 작곡가나 작사가는 공개 모집을 통해 선발하는 경우가 종종 있지만, 프로듀서는 공개 모집을 하는 경우가 없습니다. 앞서도 말씀드렸지만 프로듀서 중에는 작곡가 출신이 많아요. 그래서 저는 프로듀서를 꿈꾼다면 일단 작곡가가 되도록 노력하라고 말하고 싶어요. 작곡가로 진입을 한 다음 꾸준히 경력을 쌓고 주변의 신뢰를 얻다 보면 프로듀싱을 할 기회를 잡을 수 있을 거예요. 일단 자신의 역량을 드러낼 수 있는 데모 곡을 많이 만들고, 작곡가의 문을 먼저 두드리라고 말하고 싶어요.

일을 하다가 직업에 대한 **회의를 느끼는 순간**이 있나요? 반대로 **가장 보람**을 느낄 때는요?

힘들기는 해도 회의를 느낀 적은 없어요. 물론 수많은 시간과 노력을 기울이기 때문에, 실패했을 때는 정말 타격이 크죠. 반면, 일을 성공적으로 이끌고 대중으로부터 좋은 평을 들었을 때는 진짜 기분이 좋아요. 이때가 가장 보람된 순간인 것 같아요.

프로듀서로서 **스스로 부족하다고 느끼는 점**이 있나요? 만약 있다면,

부족한 부분을 채우기 위해 **어떤 노력**을 하는지 궁금해요.

저는 음악 이론 공부보다는 실전 작업에 더 많은 시간을 투자했기 때문에 때때로 음악적 지식이 부족하다고 느낄 때가 있답니다. 그래서 요즘은 틈틈이 연주자들의 연주법에 대해 공부하기도 하고 가사쓰기에 대한 공부도 꾸준히 하고 있어요. 또한 뮤직비디오를 보기에 앞서, 가사가 나오는 영상을 먼저 보면서 음악을 듣습니다. 음악은 메시지도 중요하니까요.

창작을 할 때는 영감이 참 중요하잖아요. 어떤 사람은 책을 읽기도 하고, 영화를 보기도 하는데요. **영감을 얻기 위해 특별히 하는 행동**이 있나요?

저는 사소한 것에서 영감을 얻으려고 하는 편이에요. 평상시에 항상 생각하는 관점을 바꾸려고 노력해요. 평범한 일상 속에서도 다양한 관점으로 생각하다 보면 어느 순간, 색다른 게 떠오르기도 하거든요.

음악적으로 가장 **영향을 받은 인물**을 딱 세 명만 꼽는다면 누구인가요?

맥스 마틴(Max Martin), 마이크 캐런(Mike Caren), 그리고 아버지를 꼽을 수 있겠네요.

어릴 때 백스트리트 보이즈의 〈As Long As You Love Me〉라는 곡을 듣고 음악을 본격적으로 시작하게 됐는데요. 그 곡의 프로듀서가 바로 맥스 마틴입니다. 20년이 지난 지금까지도 세계 최고의 프로듀서로서 활약하고 있어요. 오랫동안 한 분야에서 최고의 위치를 유지하는 모습이 언제나 저에게 본보기가 됩니다.

마이크 캐런은 워너뮤직의 최고 경영자예요. 경쟁이 치열한 미국 음악 시장에서 말단 직원으로 시작해, 오직 실력만으로 지금의 위치에 올랐죠. 그의 손에서 세계적인 일렉트로닉 뮤지션인 데이비드 게타(David Guetta), 힙합 뮤지션인 플로라이다(Florida) 등 내로라하는 아티스트들이 탄생했어요. 마이크 캐런이 저를 자신의 집으로 초대해 이런저런 얘기를 들려준 적이 있어요. 그때 그가 들려준 음악적 가치관과 음악 시장을 보는 안목이 제게 큰 영향을 주고 있어요.

마지막으로 아버지는 음악뿐만 아니라, 제 인생에 가장 큰 영향과 가르침을 주셨어요. 존경한다는 말로는 부족할 정도죠. 사실 부모가 자녀의 재능과 열정만 믿고 묵묵히 지원하는 게 쉬운 일이 아니에요. 하지만 아버지는 언제나 저를 믿어주셨고, 제가 잘못된 결정을 내리지 않도록 길잡이가 되어주셨어요. 제 인생의 멘토가 바로 아버지입니다.

"세상의 모든 자극이
음악으로 이어지는 것이야말로,
프로듀서에게 가장 필요한
재능이라 생각합니다."

대중음악 용어 알아보기

음악인들이 일상적으로 사용하는 전문 용어를 미리 알아둔다면 그들의 이야기를 이해하는 데 도움이 될 것입니다. 기초적인 대중음악 용어들을 정리하였습니다.

1. MR(Music Recorded)과 AR(All Recorded)

MR은 반주 음악을 뜻합니다. 코러스까지 모두 녹음된 것으로 보컬의 노래만 빠져 있는 것으로 이해하면 됩니다. 음악 프로그램에서 가수들이 노래를 할 때 실제 연주자가 없는데도 흘러나오는 음악 소리가 바로 MR입니다.

AR은 보컬의 목소리까지 모두 녹음된 것을 뜻합니다. 우리가 주로 듣는 음원이 AR입니다.

2. 탑 라이너(Top liner)와 프로듀서(Producer)

미국 등 해외 음반 시장에서 탑 라이너는 멜로디를 쓰는 사람을 뜻하고, 프로듀서는 반주를 만드는 사람을 뜻하는 경우가 많습니다. 우리나라에서 프로듀서는 음반 혹은 음원, 가수의 콘셉트를 기획하고 작사, 작곡, 편곡, 믹스와 마스터링까지 전 영역을 관장하는 사람을 가리키는 말로 널리 쓰입니다. 탑 라이너는 다른 말로 송 라이터(Song writer)라고 하기도 합니다.

3. 디깅(Digging)

힙합 디제이나 작곡가들이 반드시 하는 작업으로, 좋은 음원을 찾는 행위를 말합니다. 온라인을 통해 전 세계의 자료를 뒤지기도 하고, 오래된 음반 가게를 뒤져 희귀한 음반에서 소스를 따오기도 하는, 이 모든 과정을 디깅이라고 합니다.

그저 음원 찾기에서 끝나는 것이 아니라 기존 음원을 샘플링(Sampling, 이미 창작된 노래를 차용하여 연주 부분이나 노래 부분, 멜로디 일부 혹은 전체를 사용하는 행위)하여 새로운 것으로 재창조하는 것도 디깅이라 할 수 있습니다.

4. 가이드(Guide)

음반 작업에서 가이드라고 하면 작곡이 완료된 곡의 멜로디를 허밍과 같은 형태로 부르고 이를 녹음한 것을 뜻합니다. 즉, 가사가 없는 상태의 노래를 부르는 것으로, 연주자들이 녹음을 할 때 곡의 분위기나 강조되는 지점을 이해하는 데 사용되고, 가수들이 노래를 실제로 부르기 전 정확한 음정이나 리듬을 이해하기 위한 용도로 사용합니다.

가수들을 위한 가이드는 가사까지 정해진 다음에 녹음되기도 합니다. 가이드는 코러스 가수나 보컬 강사들이 녹음하는 경우가 많습니다. 작곡가가 직접 녹음하기도 합니다.

5. 믹스(Mix)

악기 연주자와 가수는 각자 따로 녹음합니다. 준비된 반주에 맞추어 자신의 부분을 연주하거나 노래하면 이를 녹음하는데, 각기 녹음된 소리를 하나의 곡으로 포개면 어떤 소리는 묻히고 어떤 소리는 기획했던 의도와 다른 분위기를 내기도 합니다. 그래서 각각의 소리가 충돌하지 않게 잘 배치하는 것이 무엇보다 중요합니다. 크게 들려야 하는 소리는 크게, 작게 들려야 하는 소리는 작게 조절하며 전체적으로 균형을 잡는데, 이 과정을 믹스라고 합니다. 곡의 완성도를 좌우하는 핵심과정이기에 세밀하게 조정해야 하는 중요한 작업입니다.

6. 마스터링(Mastering)

완성된 노래를 하나의 음반에 담아 발표하기 전에 마지막으로 손질하는 과정입니다. 각 곡의 음량은 균일한지, 한 곡이 끝나고 다음 곡으로 넘어갈 때 뚝뚝 끊어지지 않는지, 곡 전체의 어울림을 고려하여 노래 혹은 음반을 완성시키는 작업입니다.

요즘은 음반이 아니라 한 곡씩 음원 형태로 발표하는 경우가 많아, 믹스가 완료된 곡의 소리를 다듬는 작업을 가리키는 말로도 사용됩니다.

7. 비트(Beat)

힙합에서 비트란 드럼 사운드를 뜻합니다. 주로 '비트를 찍는다.'라고 표현합니다. 랩을 할 때 배경으로 깔아 놓는, 반복되는 드럼 소리를 비트로 생각하면 됩니다. 대개는 직접 작곡하지만 때로는 다른 곡에서 따와서 사용하기도 하는데, 이때는 '비트를 샘플링했다.'고 표현합니다.

8. 비트 메이커(Beat Maker)

비트 메이커는 작곡가 중에서도 주로 힙합 음악이나 일렉트로닉 음악을 만드는 사람을 뜻합니다. 이 같은 장르의 음악들은 멜로디나 코드보다는 리듬 중심으로 곡을 만들기 때문에 비트 메이커라 부릅니다. 쉽게 말해 비트 메이커는 '비트의 구조를 만드는 작곡가'라 할 수 있습니다.

9. 그루브(Groove)

사전적인 의미는 '즐겁고 유쾌한 것'을 뜻하지만, 통상적으로 음악을 들었을 때 신나고 흥겨운 느낌이 든다면 그 음악이 바로 그루브한 음악일 것입니다. 대표적으로 재즈에서는 흥겹고 멋지게 흐름을 타고 연주할 때 '그루브하다.'는 표현을 쓰는데, 잘 들어보면 통통 튀면서도 리듬이 정박자가 아니라 뒷박자에서 떨어지는 것을 발견할 수 있습니다. 요즘은 힙합이나 알앤비 음악에서도 많이 사용하는 말입니다. 평소 흥겹게 몸을 움직이거나 그런 행동을 취할 때에 '그루브 탄다.'고 표현하기도 합니다.

10. 코드(Cord)

두 개 이상의 음이 울려 내는 소리로 화음이라고도 합니다. 코드는 곡의 분위기를 결정하는데 큰 영향을 끼칩니다. 장조나 단조 등 곡 조성을 결정짓기 때문에 멜로디 진행에도 결정적 영향을 줍니다. 작곡을 하는 방식은 다양하지만, 많은 작곡가들이 원하는 코드 진행을 정하고 나서 그에 어울리는 멜로디를 붙이는 방식으로 곡을 만듭니다. 단순한 멜로디라도 코드에 따라 풍성하고 깊이 있는 음악으로 표현할 수도 있고, 동요처럼 단순하게 표현할 수도 있습니다.

음악을 만드는
새로운 시스템을 정착시키다

줌바스 뮤직그룹은 직접 만드신 회사죠?

네, 맞아요. 처음에는 음악을 만드는 프로덕션으로 시작했는데, 점점 일이 많아져서 지금은 저작권을 관리하는 퍼블리싱 업무도 함께 하고 있어요. 더불어 저희만의 레이블을 만들어 소속 아티스트의 활동도 지원하고 있습니다. 음악을 만들고, 음악 저작권을 관리하고, 아티스트도 키워내는, 총 세 가지 일을 하는 회사입니다.

회사를 **창업**하게 된 **계기**가 있었나요?

저스틴 비버와의 작업을 시작으로 미국에서 프로듀서 활동을 하고 있었는 데, 우연치 않게 한국에서 틴탑, EXO와 같은 아이돌 가수들의 곡 의뢰가 들어오면서 자연스럽게 K-POP을 만들게 됐어요. 이후 국내 활동이 많아져서 국내에도 일을 하기 위한 기반이 필요했어요.

이왕이면 작곡가, 작사가, 가수 등 여러 뮤지션들과 함께 공동 작업을 할수 있으면 어떨까 생각했어요. 미국에서 작업하던 방식처럼 때로는 팀이 되고, 때로는 개별작업을 하면서 서로 시너지를 일으키는 것이지요. 저희가 작업한 결과물의 저작권을 관리하는 시스템도 필요하고요. 그래서 '줌바스 뮤직그룹'이라는 회사를 차리게 되었습니다.

저는 이곳에서 총괄 프로듀서의 역할을 하고 있고요. 작업 의뢰가 들어오면 그 콘셉트에 맞는 프로듀서와 작사가, 작곡가, 또 가수 등이 함께 한 팀이 되어 일을 합니다. 자유로우면서도 회사의 틀이 뮤지션을 보호하는 형태인 거죠.

방금 말씀하셨지만, **줌바스 뮤직그룹**은 **공동 작업**을 한다고 들었습니다. 특별히 공동 작업을 하는 **이유**가 있나요?

제가 미국에 유학을 가서 가장 자극을 받았던 게 공동 작업을 한다는 점이었어요. 한국에서는 본 적이 없는 개념의 작업 방식이었어요. 미국에서는 이미 보편화되어 있었고요. 저 역시 그에 맞게 적응하는 데 시간이 걸렸습니다. 그런데 할수록 장점이 많은 방식이더라고요.

예를 들어, 작곡가 중에서도 드럼 프로그래밍을 잘 하는 사람이 있는가 하면, 건반 연주 라인을 잘 만드는 사람이 있어요. 각자의 장점을 모아서 한곡에 넣으면 시너지 효과가 대단하죠. 부분을 완벽하게 하는 사람들이 모여 최고의 결과물을 만드는 거예요. 그래서 우리나라에 가서 꼭 이렇게 음악을 만들어보고 싶다고 생각했어요.

줌바스 뮤직그룹에서 작업하는 작곡가, 작사가들은 공동 작업을 통해 성장하고 있어요. 저는 단순히 완성된 곡을 기획사에 파는 것뿐만 아니라, 이러한 작업을 통해 뮤지션들을 프로듀서로 성장시키는 것이 목표예요.

이제 분업화를 바탕으로 한 미국식 공동 작업 시스템이 국내 음악 시장에서도 보편화되고 있어요. 질 좋은 곡이 더 빠른 시간에 나오다 보니, 빠르게 변화하는 K-POP 시장의 요구에 효과적으로 대응할 수 있는 거죠.

05

나의 미래,
프로듀서의 미래

한국고용정보원의 관련 자료에 따르면 음반과 음원 판매량이 줄고 있어, 음악 시장의 전망에 대해 그렇게 긍정적이지만은 않은 것 같아요. 업계의 종사자로서, 작곡가, 작사가, 프로듀서 등 **대중음악 관련 직업의 전망**에 대해 어떻게 생각하시나요?

저는 이 직업이 절대 사라지지 않을 거라 생각해요. 사람이 존재하는 한, 음악이 없어질 리는 없으니까요. 아무리 인공지능 시대가 온다고 해도, 예술은 인간의 영역일 거예요. 기계가 대신해 줄 수 없는 창조의 영역이니까요. 단순히 판매량이 줄었으니 전망이 어둡다는 건 이 업계를 제대로 이해한 게 아니라고 생각해요. LP판이 가고 CD가 오고, CD가 가고 온라인 음원이 오듯이 담는 그릇은 달라질지언정, 음악 산업 자체가 무너지는 일은 없을 겁니다.

음악을 만든다는 건 재능만 있다면 어린 나이에도 인정받을 수 있다는 데 장점이 있다고 생각합니다. 실제로 줌바스 뮤직그룹에도 그런 분들이 많아요. 학벌과 같은 배경이 아니라 자신의 능력만으로 일찌감치 프로의 세계에 올라설 수 있는 직업이고, 공동 작업을 통해 더 오래, 더 많이 좋은 작업을 할 수 있는 시스템이 갖춰지고 있는 만큼, 전망도 밝다고 생각합니다.

프로듀서를 준비하는 친구들에게 **조언** 부탁드려요.

저는 정말 운이 좋았어요 아마 지금까지 말씀드렸던 경험 중 하나라도 빠졌다면 지금 이 자리에 있을 수 없었을 거예요. 여러 위험 요소를 감수할 수 있을지, 정말 이 직업을 왜 하고 싶은지 충분히 고민한 후에 결정했으면 좋겠어요.
그럼에도 불구하고 자신이 이 직업을 너무 사랑해서 결정했다면, 절대 포기하지 않았으면 좋겠어요. 음악대학을 다니는 동안 중도포기 하는 친구들을 너무 많이 봤어요. 이론도 잘 알고 음악도 잘 만들던 친구들이 자신의 능력과 상관없는 일을 하고 있는 걸 보면 너무 안타까워요. 끝까지, 포기하지 않고 도전하는 것이야말로 이 직업의 전제조건이라 생각합니다.

앞으로의 **꿈**과 **계획**, **목표**에 대해 이야기해 주세요.

첫째는 줌바스 뮤직그룹에서 좋은 아티스트들을 많이 기르고 싶어요. 저는 항상 우리 회사가 어느 위치에 있는지, 어떤 자원들이 있는지 살펴보는

데, 회사는 작지만 좋은 인재가 많아요. 잠재력이 충분한 작곡가, 작사가, 가수가 있고, 이들과 함께 국내 대중들에게 사랑받는 곡을 만들고 있어요. 이들을 더욱 지원해서, 최고의 아티스트로 성장하도록 돕고 싶어요.

둘째는 한국 아티스트와 미국 아티스트를 모두 키워내는 글로벌한 회사가 되고 싶어요. 미국이 전 세계 대중음악을 이끈다고 하지만, 우리나라의 대중음악도 수준이 높아졌어요. 저는 남들이 안 하는 일에 도전하는 걸 좋아해요. 쉽지 않은 일이겠지만, 한국 작곡가, 작사가, 프로듀서가 세계적으로 인정받는 데 힘을 보태고 싶습니다.

초등학생 때 빌보트 차트 진입을 **꿈**꾼 것처럼 말이지요?

하하! 맞아요. 그런 거요. 제가 너무 꿈을 크게 갖는다고 미쳤다고 말하는 사람들도 있어요. 그래도 저는 도전해 보려고요. 세계 음악 시장에서 한국을 대표하는 국가대표라 생각하고 열심히 노력한다면 이룰 수 있을 거라 생각합니다. 언젠가 줌바스 뮤직그룹이 한국을 넘어 세계적으로 인정받는, 음악 잘 만드는 회사가 되길 기대해 주세요.

줌바스 뮤직그룹의 운영과 더불어 작곡, 프로듀서 일로 미국과 한국을 오가며 어느 때보다 바쁜 시간을 보내고 있는 신혁 프로듀서. 자신과 같은 길을 걷고자 하는 청소년들을 위해 어디에서도 들려준 적이 없는 솔직한 이야기들을 털어놓았다.

"노래는 어떻게 만들어지나요?"

Q1

우리나라에서는 한두 개의 음원만 디지털로 발표하는 경우가 많은데 외국 가수들은 싱글, EP, 정규 앨범으로 나누어 발표하는 경우가 많더라고요. 차이점은 무엇인가요?

싱글 음반은 1~2개 곡이 수록된 음반, EP 음반은 5곡 내외, 정규 음반은 10여 곡 내외가 담긴 음반을 뜻합니다. 우리나라에서는 2000년대 중반까지만 해도 싱글이나 EP는 거의 발표되지 않고 정규 음반만 발매되었습니다. 하지만 LP와 CD의 시대를 지나 디지털 음원이 음악 유통의 중심이 되면서 디지털 음원으로만 1~2곡을 선보이는 디지털 싱글 앨범의 발표가 활발해졌습니다. 최근 우리나라 가수들은 디지털 음원만 발표하거나 대중의 인기를 크게 얻은 곡이 3~4곡 이상 쌓인 후 정규 앨범을 발표하는 경우가 많습니다.

제가 좋아하는 가수가 곧 컴백을 하는데,
'송 라이팅 캠프'를 열어서 곡을 정했대요.
캠프에 해외 뮤지션까지 참여를 했다는데
'송 라이팅 캠프'가 대체 뭔가요?

K-POP이 세계적인 콘텐츠가 되면서 한국 대형 기획사들은 소속 가수가 더 좋은 곡으로 활동을 하도록 하기 위해 '송 라이팅 캠프(Song writing camp)'를 여는 경우가 많아졌습니다. 송 라이팅 캠프란, 전 세계의 작곡가 그룹을 초청하여 원하는 주제나 스타일에 대한 정리를 전달하고 이를 모티브로 현장에 모인 모든 작곡가들이 새로운 곡을 만드는 것입니다. 짧게는 며칠, 길게는 몇 주 동안 제한된 공간에서 제한된 시간 동안 작업을 합니다. 이 중 가장 적합한 곡만이 채택되어 발표됩니다.

Q3

랩은 어떻게 쓰나요?
일반 가사를 쓸 때와 차이점은 무엇인가요?

랩은 반복되는 비트를 배경음으로 깔고, 리듬에 맞춰 가사를 말하듯 부룹니다. 일반적인 가요를 작사할 때는 가사가 곡에 자연스럽게 녹아들도록 하지만, 랩은 라임(Rhyme)이나 플로우(Flow)에 맞춰 단어를 배열합니다. 라임은 같거나 비슷한 발음을 반복하는 것인데, 우리나라에서는 흔히 단어의 끝 음절을 맞추는 방식으로 라임을 짭니다. 플로우는 단순한 낭독을 넘어 라임을 비트에 맞춰 내뱉으며 분위기와 리듬감을 만드는 것입니다. 이렇게 라임과 플로우를 고려하여 만든 다음, 다시 단어를 적당히 잘라 비트에 올려 수정하며 랩을 완성합니다.

Q4

음반을 만드는 것까지는 알겠는데, 그 다음에는 어떤 과정을 거쳐서 대중에게 공개되는지 궁금해요.

음반이 대중들에게 공개되고 판매되려면 크게 음원 작업, 홍보 마케팅과 심의, 저작권과 실연권 등록의 과정을 거쳐야 합니다. 음원은 일반적으로 '작곡과 작사 → 편곡 → 녹음 → 믹싱 → 마스터링'의 과정을 거쳐 제작됩니다. 그 다음 과정은 다음과 같습니다.

1. 홍보 마케팅

음원이 완성되고 나면, 음원 사이트에 노출될 앨범 재킷을 디자인합니다.

그리고 음원 사이트에 앨범 재킷과 함께 들어갈 보도 자료(앨범 홍보 기사)를 작성합니다. 어떤 매체에 어떤 방법으로 음원을 알릴 것인지 홍보 계획도 세워야 합니다. 이 단계에서 필요하다면 뮤직비디오를 찍습니다. 그리고 음원 사이트에 음원을 공개할 날짜를 정한 다음 방송국에 해당 CD를 제출하여 심의 신청을 합니다. 만약 그 곡이 방송국의 심의를 통과하지 못하면, 청취자나 시청자가 방송 프로그램에 음악을 신청해도 방송에서 틀 수 없습니다.

2. 저작권과 실연권 등록

방송국의 심의를 통과하면 비로소 음원이 방송에 나올 수 있게 됩니다. 이때 발생하는 수익을 얻으려면 저작권 협회에 등록을 해야 합니다. 일반적으로 작곡가, 작사가, 편곡자는 저작권 협회에 등록을 하고, 가수는 실연자 협회에 등록을 합니다. 직접 곡도 만들고 노래도 하는 싱어송라이터의 경우에는 저작권 협회와 실연자 협회에 모두 등록을 해야 합니다.

3. 쇼케이스

요즘은 인디 가수들도, 메이저 가수들도 음반 혹은 음원을 발표할 때 대부분 쇼케이스를 진행합니다. 앨범(혹은 음원) 소개를 겸한 인터뷰를 통해 어떤 컨셉으로 준비를 했는지, 준비 과정에서 어떤 에피소드가 있었는지를 이야기하고 이후 활동 계획도 밝히고 신곡 공연도 합니다. 대중음악 담당 기자와 칼럼니스트, 음악 관련 파워 블로거를 초대하며, 인터넷 포털이나 방송사와 연계하여 생중계로 진행하기도 합니다.

가사 때문에 아예 방송에 나오지 못하거나
발표되지 못하는 곡도 있는데요,
심의를 거치지 않은 곡을 그냥 발표해버리면
어떻게 되나요?

라디오나 텔레비전에 노래가 나오려면 각 방송사의 음반 심의를 통과해야 합니다. 방송사마다 심의 방식과 심사 기준이 다른데, 일반적으로 방송국에 음원이 담긴 CD와 가사가 담긴 파일을 제출하면 각 방송국의 심의위원이 심사를 합니다.

KBS를 예로 들어볼까요? KBS의 심의위원은 심의실장, 심의위원 3인, 한국어 연구부, 예능국 팀장, 라디오국 팀장 등 총 7인으로 구성됩니다. 곡, 창법, 가사 심의를 실시하고, '적격, 부적격, 보류'로 구분해 판정합니다. 심의에서 보류 또는 부적격 판정을 받을 경우, 가사나 곡을 수정한 다음 재심의를 받을 수 있습니다.

각 방송사의 심의를 거치지 않은 노래는 방송이 불가능하며, 19금인 노래를 19세 이하의 사람들이 있는 곳에서 연주하거나 틀 경우 법적인 처벌을 받게 됩니다.

chapter
2

음과 음의 겹을 쌓는 작곡가

작곡가·프로듀서 **델리보이**

줌바스 뮤직그룹 소속이다.
내성적인 성격의 소년으로 자신을 표현하는 것에 늘 서툴렀던 델리보이는 고등학생이 되면서 힙합에 심취하였다. 좋아하는 것을 잘하고 싶었던 마음에 작곡을 시작하여 고등학교 2학년 때 첫 곡을 완성하였다. 스물한 살 무렵 언더그라운드 힙합계에서 비트메이커로 활동하던 중 우연히 프로 작곡가에게 자작곡을 들려 준 것이 계기가 되어 작곡가의 길을 걷게 되었다.
블락비의 〈난리나〉로 K-POP 작곡가로 데뷔하였고, EXO, 소년공화국, 업텐션 등 아이돌 그룹 음악부터 버벌진트, 스윙스 등 힙합 뮤지션의 음악까지 다양한 곡을 선보이고 있다. 작곡가 리원과 함께 '비트앤키즈'라는 작곡팀을 만들어 활동 중이다.

작곡가 **리먼**

줌바스 뮤직그룹 소속이다.
중학교 3학년 때 교회 찬양단에서 피아노를 연주하게 된 것을 계기로 음악, 특히 작곡에 흥미가 생겼다. 중국 문화에 관심이 많아 중국어학과로 대학을 진학하였고 전공을 살려 취업을 하려 했지만, 작곡에 대한 미련을 버릴 수 없었다. 공연장을 직접 돌아다니며 자신이 만든 데모 곡을 관계자들에게 전달하며 꿈을 키우기를 2년여, 줌바스 뮤직그룹과 인연이 닿아 인턴 생활을 거쳐 현재 소속 작곡가, 그중에서도 멜로디 라인을 만드는 '탑 라이너'로 활동하고 있다.

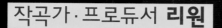

작곡가·프로듀서 **리원**

줌바스 뮤직그룹 소속이다.

어릴 때는 '축구 바보'라고 불릴 정도로 운동밖에 모르는 소년이었다. 고민할 것도 없이 대학도 스포츠 관련 학과로 진학했으나, 꿈과 현실의 괴리를 깨닫고 자퇴했다. '무슨 일을 하며 살아야 할까?'라는 큰 고민을 안은 채 군대에 입대하였고, 오랜 고민 끝에 자신이 가장 좋아하는 것이 음악임을 깨달았다. 제대 후 작곡 공부를 시작하였다. 남들보다 늦은 시작에 고민도 많았지만, 첫 작업물이 동방신기의 노래로 채택되어 작곡가로 데뷔하며 자신의 꿈도, 늦은 시작도 틀린 선택이 아님을 증명하였다. 이후 만든 곡들이 빅스, 이하이, 딘의 선택을 받으며 왕성하게 활동하고 있다. '비트앤키즈'라는 작곡팀을 만들어 작곡가 델리보이와 함께 창작활동에 한창이다.

어떤 사람이
작곡가가 되는 걸까?

요즘 대중음악은 **작곡 과정**이 **분업화**되고 있다고 들었습니다. 세 분은 **각각 어떤 역할**을 하는지 궁금합니다.

리원*저와 델리보이는 '비트앤키즈'라는 작곡팀을 만들어 활동하고 있습니다. 저희는 프로듀서 일과 작곡을 겸하고 있는데요, 우선 곡 의뢰가 들어오면 저희 둘이서 아티스트의 요구 사항을 반영하여 곡의 콘셉트, 분위기를 논의합니다. 저희가 잘 만들 수 있는 곡의 스타일, 최신 트렌드 등을 고려하여 콘셉트를 정한 후에 리듬감이 좋은 델리보이가 먼저 곡의 비트를 짭니다. 다음으로 제가 곡의 코드를 만들어 곡의 반주, 즉 트랙을 완성합니다.

리먼*그 다음은 저와 같은 탑 라이너의 영역이에요. 탑 라이너는 트랙, 즉 완성된 반주의 분위기와 비트, 코드 등을 고려하여 가장 어울릴 만한 멜로디를 만드는 일을 해요. 예전에 선배 작곡가 분들은 멜로디를 만든 다음에 반주를 만들었어요. 하지만 저희를 비롯하여 요즘 K-POP을 만드는 대부분의 창작자들은 트랙을 먼저 짠 다음에 멜로디를 만듭니다. 작업 방식이 달라진 것이죠.

델리보이* 곡을 만드는 과정을 그림 그리기에 비유하자면, 프로듀서는 전체적인 구도나 구상을 잡는 역할을 하고, 스케치 작업은 트랙 작곡가가, 채색은 탑 라이너가 한다고 이해하시면 되지 않을까 합니다.

세 분의 어린 시절과 **학창 시절**이 궁금합니다. 음악을 만드는 사람들은 왠지 **어린 시절도 유별나게** 보냈을 것 같아요. 어릴 때부터 **음악**을 하기 위해 여러 **준비**도 했을 것 같고요.

델리보이* 저는 어릴 때 무척 내성적이었어요. 중학교 때가 절정이었는데, 사춘기까지 겹쳐서 다른 사람들이 웃는 모습을 보면 뭐가 좋아서 저리 웃나 싶어서 이해가 안가더라고요. 세상일에는 냉소적이었고, 개인적으로는 '난 미래에 무슨 일을 해야 할까?' 진지하게 고민했어요.
고등학생이 되고부터 음악에 푹 빠지게 되었고 그중에서도 특히 힙합에 빠져서 외국 힙합, 한국 힙합 가리지 않고 닥치는 대로 들었어요. 한 1년 듣다 보니 어느 날부터인가 좋아만 하지 말고 직접 해 보고 싶다는 생각이 들더라고요. 그래서 고등학교 2학년 때 음악을 좋아하는 친구와 힙합 음악 동아리를 만들었어요. 저희가 만든 동아리가 학교 최초의 음악 동아리

였어요. 이때부터 곡도 만들고 가사도 쓰기 시작했어요.

재미있는 게 그때부터 내성적인 성격도 적극적으로 바뀌었어요. 동아리를 직접 이끌어야 했으니까요. 그러다가 제가 살던 지역 근처에서 열린 한 청소년 힙합 페스티벌에 참여해서 덜컥 대상을 받았어요. 재미있어서 하게 된 일로 다른 사람들의 인정까지 받게 되니 신기하더라고요.

저는 어릴 때 농촌에서 살았어요. 부모님께서는 제가 공부를 열심히 해서 성공한 인생을 살기를 바라셨어요. 그래서 과외도 받고 학원도 다녔지요. 하지만 제가 음악으로 상을 타면서부터는 그냥 저를 믿고 저에게 모든 걸 맡겨주셨어요. 부모님께서 '네가 하고 싶은 걸 해.'라고 말씀하셨던 게 잊혀지지 않아요. 저는 음악 덕에 부모님과의 관계도, 삶의 자세도, 미래에 대한 계획도 다 달라졌어요. 음악이 제 삶을 결정지은 거죠.

대학은 실용음악과로 갔어요. 하지만 이미 저만의 작업하는 작업 방식이 몸에 배어 있었기 때문에, 학과와 잘 맞지 않았어요. 그래서 그만 뒀어요. 그리고 다시 혼자서, 또 음악 작업을 하는 친구들과 함께 어울려서 작업을 했습니다.

리원*저는 델리보이랑은 달랐어요. 십대 시절에 음악을 만든다는 것에 대해서 생각해 본 적이 단 한 번도 없었어요. 음악보다는 축구를 좋아했어요. 좋아하는 정도가 아니라 주변에서 '축구 바보'라고 할 정도였죠. 누나가 가요 테이프를 많이 사와서 함께 듣기는 했지만, 제 관심사는 오직 운동, 그중에서도 축구였어요. 심지어 중학생 때는 축구 선수가 되고 싶어서 테스트를 받기도 했는데, 좌절을 맛보았죠. 그래도 축구에 대한 열정을 접을 수 없었어요. 축구 선수가 되지 못한다면 무슨 일이 좋을까, 하고 고민하다가 장래 희망을 스포츠 에이전트로 결정했어요. 대학도 스포츠 에이전트 학과로 진학했고요.

그런데 대학에 진학해서 보니 우리나라는 아직 스포츠 에이전트가 직업적으로 자리를 잡지 못한 거예요. 대학 진학 한 달 만에 그 사실을 알고는 좌절했죠. 결국 대학을 자퇴했어요. 그리고 군대를 갔습니다.

이 이야기를 하면 다들 신기해하는데, 저는 군대에서 음악을 직업으로 삼자고 결심했어요. 오랫동안 꿈꾸던 일을 포기하고 군대에 갔기 때문에 머리가 정말 복잡했어요. 그래서 훈련이 끝나고 시간이 날 때면 제가 하고 싶은 일, 잘 할 수 있는 일, 직업으로 가질 수 있는 일을 계속해서 적어 나갔어요. 그런데 제대가 얼마 남지 않은 날, 나는 음악을 들을 때 가장 잡념 없이 행복하고 즐거운 기분이 든다는 걸 깨달았어요. 그때부터 어떻게 해야 작곡가가 될 수 있을지, 무엇을 준비해야 할지를 계획하고 제대하자마자 실천했죠.

우선 1년 동안 아르바이트를 해서 음악 작업에 필요한 기본 장비와 레슨비를 마련했어요. 그리고 수소문 끝에 한 작곡가 분에게 직접 레슨을 받을 수 있었어요. 작곡 수업을 6개월 동안 받았는데, 너무 재미있는 거예요. 그 이후로는 혼자 독학하며 음악을 만들었어요.

저는 누구든지 자신의 꿈을 찾을 시간이 꼭 필요하다고 생각해요. 그게 유년기든, 청년기든, 어른이 된 후에든 말이죠.

"저는 누구든지
자신의 꿈을 찾을 시간이
꼭 필요하다고 생각해요.
그게 유년기든, 청년기든,
어른이 된 후에든 말이죠."

_ 리원

리얼Real 작곡가·작사가·프로듀서

리먼*저는 어릴 때 내성적인데다가 소심하기까지 해서 상처를 잘 받았어요. 그래서인지 무언가 혼자 집중해서 하는 걸 좋아했어요. 혼자서 그림을 그리거나 피아노를 치면서 놀았고, 중학교 2학년 때까지 클래식 피아노를 배웠어요. 중·고등학교 시절부터는 마음이 잘 맞는 친구들이 생기면서 성격도 밝아졌어요.

친한 친구의 집에 자주 놀러갔는데, 그 집에 가면 친구 오빠가 듣는 리쌍이나 CB MASS의 음악이 흘러나왔어요. 저희 오빠는 빅뱅, H.O.T, DJ. DOC와 같은 팀의 음악을 좋아해서 그 음악들도 같이 들었고요. 자연스럽게 블랙 뮤직이 좋아졌고, 그러다 중학교 3학년 때 교회 찬양단에서 피아노를 치게 되면서 CCM을 듣게 됐어요. 그리고 이렇게 좋은 음악들을 내가 직접 만들 수 있으면 좋겠다는 생각을 했어요.

고등학교 때 중국 유학을 가게 됐어요. 부모님의 권유로 떠난 건데, 낯선 곳에서의 생활이 너무 힘들더라고요. 그래서 외롭고 힘들 때마다 혼자서 녹음기를 켜놓고 머릿속에 떠오르는 대로 멜로디를 녹음했어요. 그런데 그게 너무 힘이 되는 거예요. 그래서 공부보다 멜로디를 만드는 것에 더 열중했어요.

결국 중국 유학 생활을 접고 한국에 돌아왔는데, 그때부터 음악을 만드는 것에 푹 빠졌어요. 음악 공부도 정말 많이 했고 본격적으로 곡을 쓰기 시작했어요. 친구의 권유로 밴드부에 들어가서 연주와 작곡도 했고요.

어떻게 하면
작곡가가 될 수 있을까?

가장 트렌드를 선도하는 음악을 만드는 세 분인데, **어린 시절**부터 작곡을 시작하게 된 때까지의 과정은 정말 큰 차이가 있네요. 그중에서도 내가 혹시 **늦은 건 아닌가 염려하는 청소년들**은 리원 작곡가의 경우에서 큰 힘을 얻을 것 같아요.
세 분이 작곡가로 **데뷔하게 된 과정**도 궁금해요. 성장 과정과 작곡을 시작하게 된 계기가 달랐던 만큼, 데뷔 과정도 서로 다를 것 같습니다.

리원* 작곡을 본격적으로 시작하고 1년 반쯤 지났을 때였나, 심각하게 고민했어요. '작곡을 그만해야 하지 않을까?' 하고 말이죠. 아무리 작곡을 해도 인맥이 없다보니 제 곡을 가수나 음반 제작자에게 들려줄 기회조차 잡을 수 없는 거예요. 가지고 있던 장비 다 팔고 시골에 내려가서 감 농사를 지을까 심각하게 고민하고 있었어요.
평소에 작업물을 올리던 온라인 작곡 커뮤니티가 있었는데, 어느 날 그 사이트에서 제가 만든 곡을 들었다고 하면서, 한 작곡가분이 공동 작업을 제안하셨어요. 그 덕에 데모 테이프를 지금 소속사에 보낼 기회를 잡을 수 있었고, 그때 보낸 곡이 동방신기의 앨범에 수록되면서 데뷔하게 되었죠. 조금만 늦었더라도 아마 작곡의 길을 포기하지 않았을까 싶어요.

리먼* 저는 고등학교 때 중국 유학을 다녀온 것을 계기로 대학에서도 중국어를 전공했고, 어학연수도 다녀왔어요. 대학 4학년 때 취업을 하려는데 문득 '왜 음악을 포기하고 취업을 해야 하는 거지?'라는 생각이 들었어요. 갑자기 오기가 생기더라고요. 부모님께 딱 2년만 아르바이트를 하면서 음악 작업을 하게 해달라고 부탁했어요. 2년 안에 승부를 보지 못하면 중국어 전공을 살려 면세점에 취업하겠다고 선언했지요.

학교에 가는 시간 외에는 오롯이 작곡에 매달렸어요. 시간만 나면 여러 공연장을 돌며 USB에 담은 저의 데모 곡을 뿌리고 다녔고요. 정말 닥치는 대로 돌아다니며 뿌렸는데, 그러다 제 USB가 지금의 소속사로 흘러들어갔고, 때마침 멜로디를 작업할 탑 라이너가 필요하던 터라 저에게 연락이 왔어요.

바로 데뷔를 한 건 아니고요, 6개월의 인턴 기간을 거쳐 채용되어 회사에 소속된 작곡가로서 일을 시작했어요. 사실 첫 데뷔곡은 다른 작곡가와 공동작업한 곡으로, 강민희와 칸토가 부른 〈누나라고 불러〉라는 노래예요. 줌바스 뮤직그룹의 소속 작곡가로서 처음 발표한 곡은 딘이 미국에서 발표한 〈Here and now〉입니다.

델리보이* 저는 스물한 살 때 언더그라운드 힙합 쪽에서 먼저 데뷔를 했어요. 그때도 제가 만든 곡의 저작권료로 부족하나마 생활이 가능했어요. 당시엔 제가 비트 메이커로 곡에 참여했는데, '이게 끝일까, 이 다음에는 무엇을 계획하고 꿈꾸어야 하나?' 하는 고민을 자주 했어요. 사실 서른 살이 넘어서까지 살아남는 비트 메이커가 극히 드물어요. 고민 끝에 대중음악 작곡가로 방향을 선회해야겠다고 결론을 내렸죠.

또 다시 노력을 하는 시간이 이어졌고, 그러던 차에 제가 쓴 곡을 다른 작곡가에게 들려줄 기회가 생겼어요. 그런데 그분께서 굉장히 곡이 좋다며, 멋을 아는 친구라고 크게 칭찬해 주셨어요. 그 곡이 바로 블락비의 〈난리나〉예요. 〈난리나〉가 인기를 얻으면서 대중음악 작곡가로 본격적인 활동을 하게 됐어요.

세 분 모두 **독학**으로 음악 공부를 하셨는데요, 어떻게 **독학으로 작곡 공부**를 하는 건지 궁금합니다. 또한 작곡가로 **데뷔**하기 위한 **진입 방법**에는 어떤 것이 있는지도 알고 싶습니다.

델리보이* 저와 리원은 유튜브 같은 동영상을 보며 독학으로 음악을 익혔어요. 유튜브가 없었으면 아마 작곡가가 되기 어려웠을 거 같아요. 만약 내가 원하는 코드가 있는데 직접 쳐보고 싶다. 그런데 어떻게 쳐야 하는지 모른다. 이럴 때는 유튜브로 검색하면서 듣고 따라하고 바꿔보면서 하나씩 익혔어요. 작곡가로 성장하느냐, 정체하느냐는 결국 인내심을 가지고 끝까지 집중하는 데 있는 게 아닐까 해요. 좋은 음원을 찾기 위해 끝까지 '디깅'할 때 정말 좋은 곡을 만들 수 있거든요.

이제 인터넷만 된다면 원하는 정보는 무엇이든 찾을 수 있는 시대예요. 사운드 클라우드와 같은 해외 음원 업로드 커뮤니티를 보면 열서너 살 정도의 아이들이 작업한 것도 많이 올라오는데, 실력이 대단해요. 그들도 대부분 독학을 했어요.

리원*작곡가로서 데뷔하는 데는 온라인 음악 커뮤니티가 큰 역할을 합니다. 커뮤니티에 올린 작업물이 음반 회사나 다른 작곡가의 눈에 띄어 데뷔를 하게 되는 경우가 많아요. 기획사에서 공개 채용을 하거나 오디션을 여는 경우도 있는데, 그보단 오히려 커뮤니티를 통해 데뷔하는 경우가 많습니다.

리먼*저도 같은 생각이에요. 힙합 쪽은 커뮤니티나 인터넷 메신저를 통해 작업물을 주고받다가 그게 공유 되면서 데뷔까지 이어지는 경우가 많아요. 온라인 커뮤니티에서 만나 크루를 만들기도 하고요.

저는 '사운드 클라우드'라는 커뮤니티에 작업물을 많이 올렸어요. 거기에 올렸던 작업물을 듣고 연락이 온 경우도 있었고요. 저 역시 요즘도 자주 들어가서 괜찮은 신인 작곡가가 있는지, 어떤 곡들이 올라오는지 보기도 해요. 제가 경험해 본 적은 없는데, 실용음악학원을 통해서 기획사, 작곡가 오디션을 보거나 데모곡을 전달하는 경우도 많다고 들었습니다.

특목고나 **대학**에 대한 생각도 궁금합니다. 델리보이는 실용음악학과에 진학했다가 중퇴했다고 했고, 리원과 리먼은 전공하지 않았고요. 앞서 인터뷰에서 신혁 대표는 미국 대학에 진학해서 음악 공부도 하고 데뷔도 하셨다고 하더라고요. **현장**에서 **직접 활동**하면서 느낀, **특목고나 대학 진학의 필요성에 대한 의견**을 말해 주시겠어요?

델리보이＊꿈이 분명하게 정해져 있다면 특목고도 좋다고 생각해요. 하지만 꿈을 찾아 여러 방향을 모색하는 중이라면 일반고등학교에 진학해서 좀 더 고민의 시간을 갖는 것도 괜찮지 않을까 합니다.
이제 음악 작업은 대부분 컴퓨터로 이루어집니다. 그래서 지식을 위한 지식은 그다지 의미가 없어요. 작곡가로 데뷔한 초반에 다른 작업자들과 소통할 때, 상대방이 전문 용어를 쓰면 이해하지 못해서 조금 불편할 때도 있었어요. 하지만 시간이 지나면서 어느새 저도 용어에 익숙해지고 불편함도 사라졌어요. 오케스트라와 공동 작업을 한 적이 있었는데, 그때도 조금 불편하기는 했어요. 제가 그분들이 사용하시는 용어로 설명을 하지 못하니까요. 하지만 찬찬히 제가 원하는 방향을 얘기하고 잘 모르는 건 물어가면서 소통하다보니 큰 문제가 아니더라고요.

리먼＊저는 고등학교를 예술고등학교로 진학하고 싶었어요. 그런데 중국학교로 가게 되면서 자연스럽게 꿈을 접었지요. 저는 예술고등학교에 진학하는 것도 음악을 직업으로 삼는 데 분명 도움이 된다고 생각해요. 비슷한 꿈을 가진 친구들과 같이 공부를 하다보면 함께 발전할 수 있을 테고,

"사운드 클라우드와 같은
해외 음원 업로드 커뮤니티를 보면
열서너 살 정도의 아이들이
작업한 것도 많이 올라오는데,
실력이 대단해요.
그들도 대부분 독학을 했어요."

_델리보이

학교의 커리큘럼대로 교육을 받으면서 자신만의 공부를 더한다면 작곡가로서 발전하는 데 도움이 될 거예요. 하지만 저는 성격상 워낙 남에게 간섭받는 걸 싫어해서, 실용음악학원조차도 두 달 다니다가 그만뒀어요. 그건 제 경우이고, 분명 성격이나 상황에 따라 도움이 되는 면도 적지 않을 거라 생각합니다.

학교를 꼭 가지 않아도 된다는 게 공부를 하지 않아도 된다는 뜻이 아니에요. 독학을 한다는 건 다른 사람들보다 더 열심히, 자기에게 맞는 방식을 찾을 때까지 시행착오를 숱하게 겪으며 공부해야 한다는 뜻이에요. 오해하지 않았으면 좋겠어요.

리원* 독학을 하면 궁금한 걸 혼자 일일이 찾으면서 해야 하기 때문에 시간과 노력이 많이 들어요. 대신 자기가 하고 싶은 부분에 더 집중할 수도 있고, 자신에게 맞는 방법으로, 자신의 스케줄대로 할 수 있는 게 장점이지요. 반면에, 학교에 다닌다면 함께 준비하는 친구들도 있고, 전문가 선생님도 옆에 있으니 바로 도움을 받을 수 있어 수월한 면도 많을 거예요. 하지만 자신에게 필요하다고 생각하지 않는 영역까지도 공부를 해야 한다거나 꼭 짜인 생활을 해야 한다는 단점도 있어요. 옳고 그르고의 문제는 아니고 선택의 문제가 아닐까 합니다.

리먼* 저는 학교를 다니는 것보다 현재 활동하고 있는 뮤지션 분들에게 레슨을 받는 편이 훨씬 좋다고 생각해요. 학교에서보다 실질적인 내용들, 그러니까 실제로 활용하고 있는 점들을 두루 배울 수 있으니까요. '큐오넷

(www.cuonet.com)' 같은 사이트에 보면 레슨 정보가 많이 올라와요.

세 분은 **다시 청소년**이 된다면 무얼 꼭 하고 싶으신가요? 음악 일을 하면서, '아, 이런 건 미리 해둘걸' 하는 **아쉬움**은 없나요?

리원*일단은 영어 공부를 열심히 하고 싶어요. 요즘은 K-POP을 만들 때 외국 아티스트들이 참여하는 경우가 많아요. 저희가 외국에서 작업을 하는 경우도 많고요. 영어를 쓸 일이 많다보니 좀 더 공부를 해 두면 좋았을 걸, 하는 아쉬움이 들더라고요. 그리고 악기도 익히고 싶어요. 작곡가가 될 줄 알았다면 악기 하나 정도는 완벽히 익혔을 거예요. 다시 청소년기로 돌아간다면 영어와 악기 하나는 꼭 마스터 하고 싶습니다.

델리보이*저도 리원과 같습니다. 어른들이 영어 공부 안 해두면 후회한다고 했는데, 벌써 엄청 후회하고 있어요.(웃음) 악기도 마찬가지고요. 어릴 때 배우는 게 더 빨리 배우고 몸에 확실하게 익으니까, 꼭 익히고 싶습니다. 그리고 또 다른 하나는, 연애요.(웃음) 교복 입고 손 꼭 잡고 다니는 학생들 보면 너무 부럽더라고요. '분명 십대에만 느낄 수 있는 사랑의 감정이 따로 있을 텐데 난 그걸 경험을 하지 못했구나.' 하는 아쉬움이 있어요.

리면*저는 무조건 다양한 경험을 하고 싶어요. 학창 시절에 사물놀이, 발레, VJ 등등 나름대로 궁금한 건 다 배워보고 경험을 했는데, 그래도 아쉬움이 남아요. 많은 걸 경험하면 그만큼 선택지도 많아지잖아요. 내가 무얼 잘 하는지, 좋아하는지를 잘 알 테니까 내가 하고 싶은 일도 더 확신을 가지고 잘 선택할 수 있을 테고요.

하나만 바라보다 그걸 선택하는 것과 여러 경험 끝에 선택하는 것은 큰 차이가 있다고 생각해요. 이 글을 읽는 친구들은 공부 외에도 많은 경험을 해 보면 좋겠어요.

"독학을 한다는 건
다른 사람들보다 더 열심히,
자기에게 맞는 방식을 찾을 때까지
시행착오를 숱하게 겪으며
공부해야 한다는 뜻이에요."

_리먼

66 작곡가 지망생을 위한 추천 사이트 3 99

작곡가 준비생 뿐만 아니라 현역 작곡가들도 자주 들어가는 3대 사이트를 정리해 보았습니다. 세 곳 모두 자작곡에 대한 평가를 서로 주고받을 수 있을 뿐만 아니라, 새로운 작곡 관련 프로그램이나 악기 정보, 개인 레슨 정보 등이 활발하게 업데이트 되는 만큼 예비 작곡가라면 자주 방문하여 정보를 확인하는 것이 좋습니다.

1. 사운드 클라우드(www.soundclould.com)

'동영상' 하면 '유튜브'가 떠오르듯이 '음악' 하면 '사운드 클라우드'라고 할 정도로 전 세계적으로 유명한 사이트입니다. 유튜브처럼 자신이 좋아하는 음악은 물론 스스로 만든 음악을 업로드하여 공유할 수 있습니다. 세계 여러 나라 사람들이 비공식 음원, 리믹스 음원을 올리기 때문에 음악 트렌드를 쉽게 알 수 있고 SNS와 같은 개인 공간이 있기에 개성을 드러낼 수 있으며, 유저들 간의 접촉이 쉽다는 것이 장점입니다.

2. 큐오넷(www.cuonet.com)

'큐베이스'라는 가상 악기 프로그램의 한국 공식 커뮤니티 사이트. 동시에 국내 최대 음악 커뮤니티 사이트이기도 합니다. 작곡과 관련된 모든 기기의 구입은 물론, 관련 정보도 발빠르게 얻을 수 있으며, 유명 작곡가들의 작곡 강의를 들을 수 있는 강좌도 운영하고 있습니다. '회원자작곡' 게시판에 자신이 만든 자작곡을 업로드할 수 있습니다.

3. 엠엔에스(www.mnshome.com)

엠엔에스는 악기와 음향장비를 온오프라인으로 판매하는 회사입니다. 판매뿐만 아니라 커뮤니티도 활발하게 운영되고 있는데, 작곡 관련 각종 프로그램의 자료실은 물론, 작곡 레슨, 악기나 가상 악기 사용후기 등의 게시판도 마련되어 있습니다. '회원자작곡' 게시판에 자작곡 업로드가 가능합니다.

작곡의 세계가
궁금해!

이제 본격적으로 **작곡가**의 일에 대해서 얘기를 나눠볼까 합니다. 리원과 델리보이는 **비트앤키즈**라는 이름으로 **공동 작업** 중이시죠? 어떻게 함께하게 되셨는지, 두 분처럼 작업하는 작곡가들은 많은지, **공동 작업**의 장점과 단점에 대해 이야기해 주시겠어요?

리원*줌바스 뮤직그룹 소속으로 일을 하던 중에, 비슷한 시기에 저희 둘 다 작곡가로서의 결과물이 정체되는 느낌을 받았어요. 그때 신혁 대표가 저희 둘이 공동 작업을 해 보면 어떻겠냐고 제안했죠. 신혁 대표는 저희 둘의 장점과 단점을 가장 잘 아는 분이에요. 함께하면 분명히 시너지 효과가 있을 거라 확신했나 봐요. 저희는 전혀 생각하지 못했던 제안이라 잠시 고민했는데, 어떤 결과물이 나올 수 있을지 저희도 궁금하더라고요. 그래서 함께 해 보기로 했죠.

델리보이*처음에는 어려움도 있었어요. 혼자서 하던 작업을 둘이 나

뉘서 해야 하잖아요. 제대로 분담해야 톱니바퀴처럼 맞물려 서로에게 부족한 부분을 채워가며 작업할 수 있어요. 어떻게 운영하는 게 효율적일까 고민하며 대화를 많이 나눴어요. 그래서 내린 결론이, 제가 리듬을 맡고, 리원은 구성이 강하니까 그 부분을 맡기로 했어요. 그렇게 나눠서 작업한 후에는 함께 조율하며 완성하는 방향으로 정했지요.

리원* 신기한 게, 막상 그렇게 정하고 작업에 들어가니 일이 수월하게 진행되는 거예요. 그래도 지금처럼 안정적으로 원활하게 작업이 진행되는 데까지 2년 정도 시간이 걸린 것 같아요. 지금은 각자 스타일을 아니까 몇 마디 얘기를 나누지 않아도 저절로 맞아 떨어진다고 할까요? 저는 원래 일렉트로니카 장르에 강했어요. 그런데 델리보이와 함께 작업하면서 흑인 음악이나 힙합도 만들 수 있게 됐어요. 함께 성장한다는 느낌을 받으니까, 보람도 더 커졌어요.

델리보이* 함께 작업하니 결과물이 나오는 속도도 빨라져서 일도 더 많이 할 수 있게 되었어요. 저희는 잘 된 경우예요. 둘이서 함께 작업하면서 가장 먼저 대중들의 인정을 받은 건 EXO의 〈불공평해〉라는 곡이었어요.

리원* 그 곡은 2016년 3월에 기획사 SM 엔터테인먼트에서 개최한 송 라이팅 캠프에 참가해서 만든 곡이에요. 저희 말고는 거의 외국 작곡 팀들이 참여했는데, 남들이 자러 갈 때도 남아서 작업하며 매달렸거든요. 다른 팀들과 치열하게 경쟁해서 살아남았고, 그 곡이 발표되어 좋은 반응을 얻었으니 만족감이 컸죠.

공동 작곡의 **작업방식**이 궁금합니다. 어떤 식으로 진행되나요?

델리보이*곡 의뢰가 들어올 때는 참고할 만한 자료가 함께 와요. 저희는 그걸 레퍼런스라고 부르는데, 레퍼런스와 똑같이 만들어달라는 게 아니라 그 곡과 비슷한 느낌이지만 지금 유행하는 코드들을 반영하여, 또 그 곡을 부를 팀의 성격에 맞게 새롭게 만들어달라는 요청이에요. 그게 참 힘들어요. 레퍼런스와 비슷한 듯 다르게 해야 하는데, 레퍼런스의 잔상이 머리에 남으면 새롭게 작업하는 게 쉽지가 않죠. 그래서 레퍼런스와 장르가 같거나 분위기가 비슷한 다른 곡들을 계속 들으면서 방향을 잡습니다.

일단 노래를 만들려면 리듬이 먼저 나와야 해요. 그래서 리듬 파트를 맡은 제가 먼저 작업을 시작합니다. 그리고 그 리듬 위에 리원이 코드를 얹죠. 이렇게 큰 틀을 완성한 다음에는 그 곡에 적절한 아이디어들을 계속 더해가요. 악기 편성을 하고 어울릴만한 효과음을 만들며 발전시켜 나가는 거죠. 혼자하면 자기 생각에 젖어 빠져나오기 힘든 경우도 많은데, 둘이서 하니까 지루하지도 않고 서로 의견 교환을 하면서 작업을 하니까 더 진도가 잘 나가는 것 같아요.

리원*큰 틀이 잡히면 1절을 완성시키고, 후렴을 만드는 식으로 진행됩니

"혼자서 하던 작업을 둘이 나눠서
해야 하잖아요. 제대로 분담해야 톱니바퀴처럼
맞물려 서로에게 부족한 부분을 채워가며
작업할 수 있어요. 어떻게 운영하는 게
효율적일까 고민하며 대화를 많이 나눴어요."

_리원&델리보이

다. 기획을 하는 데까지는 시간이 오래 걸리지만, 막상 본격적인 작업에 들어가면 둘 다 집중력이 좋은 편이라 평균 이틀 정도면 한 곡이 완성됩니다.

델리보이* 저희는 100퍼센트 미디로 작업해요. 오선지에 음을 하나하나 그리는 게 아니고요.(웃음) 악상이 떠오르면 일단 미디로 리듬과 코드를 다 완성하고 바로 모니터링을 해요. 이 과정에서 미디의 가상 악기보다 실제 악기 소리가 들어가는 게 좋겠다는 생각이 들면 실제 연주자에게 그 부분만 연주를 맡기죠.
저는 머리가 복잡하면 작업이 잘 안되더라고요. 그래서 최대한 마음을 편안하게 해서 작업에 들어가려고 노력해요. 일을 일처럼 생각하지 않고 즐기면서 할 때 좋은 곡을 쓸 수 있어요.

비트앤키즈의 작업 방식에 대해서는 이제 어느 정도 그림이 그려지는 것 같습니다. 리먼 작곡가님은 **멜로디**를 쓰는 **탑 라이너**인데, **작업 방식에 차이**가 있는지 궁금합니다. 대중의 귀에 딱 꽂힐 만한 멜로디를 만드는 게 쉬운 일이 아닌데, **영감을 얻기 위해 특별히 하는 행동**이 있는지도 궁금하고요.

리먼* 어떤 분들은 멜로디를 먼저 구상한 다음에 곡을 완성하는 분도 있는데, 저는 곡 전체의 코드가 있어야 멜로디가 나오더라고요. 그래서 곡 전체를 혼자 완성해야 할 때는 피아노를 쳐보면서 코드 구성을 하고, 그 다음에 미디로 드럼 비트를 찍고, 마지막으로 멜로디를 만드는 식으로 작업해요.

탑 라이너로서 멜로디를 만들 때는 먼저 작업된 트랙을 계속 들어요. 흥얼거리면서 따라 부르기도 하고요. 괜찮은 멜로디가 나올 때까지 계속 흥얼거려요.(웃음) 그리고 그걸 녹음해서 들어봐요. 흥얼거리면서 멜로디를 만들 때는 괜찮았는데, 막상 녹음해서 객관적으로 들어보면 마음에 안들 때도 많아요. 그럼 또 다시 처음부터 트랙을 들으며 흥얼거리는 걸 반복하죠.(웃음)

저는 작업을 하다가 안 풀린다 싶으면 무조건 멈춰요. 그리고 책을 보거나 영화를 봐요. 음악 방송을 보기도 하는데, 다른 곡을 듣다보면 영감이 떠오르더라고요. 다른 곡의 멜로디를 따라하는 게 아니라, 그 곡을 통해 얻은 제 느낌, 제 기분이 새로운 멜로디를 떠오르게 하는 거예요.

항상 새로운 멜로디를 만들어내야 한다는 **압박감**에 **스트레스**도 많이 받을 것 같은데요.

리먼＊저는 가장 힘들 때가 가장 보람 있을 때라 생각해요. 대표적인 예로, 2015년 11월에 처음으로 송 라이팅 캠프에 참여한 적이 있는데, 그때 정말 스트레스가 머리끝까지 차오르는 걸 느꼈어요. 매일 새로운 곡을 만들어서 녹음까지 해야 하는 캠프였는데, 딱 사흘 지나니까 눈물이 나더라고요.

그 압박감을 이겨내기가 너무 힘들었던 거죠. 하지만 며칠 되지 않는 시간임에도 스스로 제가 성장하는 게 느껴졌어요. 근성도 생겼고요. 제 인생에서 가장 힘든 기억 중에 하나지만 가장 보람도 컸던 순간이에요.

"탑 라이너로
멜로디를 만들 때는
먼저 작업되어서 온 트랙을
계속 들어요. 흥얼거리면서
따라 부르기도 하고요.
괜찮은 멜로디가 나올 때까지
계속 흥얼거려요. (웃음)"

_리먼

리얼Real 작곡가·작사가·프로듀서

내가 작곡가로
살아가는 이유

작곡가라는 **직업의 매력**은 무엇일까요? 세 분 얘기를 듣다 보면 작곡가는 **창작자**이면서, **직장인**이면서, **프리랜서**면서, 남의 일을 **대행**하면서도, **예술적 감각**도 있어야 하고······. 정말 힘들 것 같은데, 그래도 이 일을 하시는 이유가 이 직업의 매력 때문이 아닐까 싶거든요.

델리보이* 저는 사람들에게 제 직업을 작곡가라고 소개하지 않아요. 저에게 작곡은 직업이지만, 그것보다는 하고 싶은 것, 잘 하고 싶은 것으로서의 의미가 더 커요. 음악 할 때 가장 행복하고 가장 즐겁거든요. 가장 즐거운 일이 직업이 되었으니 저는 정말 운이 좋은 사람이죠.

리원* 저는 작곡가로서 시작이 늦은 편이에요. 대학 자퇴도 해 봤고, 군대에서 작곡가라는 새로운 꿈을 정한 다음에는 돈을 벌어 장비 사고 작곡 공부하는데 다 투자하고, 데뷔를 하지 못한 채 곡 작업만 하며 보낸 시간도 길었고요. 그랬기 때문에 매력이 있다, 없다는 식으로 이 직업에 대해 말하기가 쉽지 않아요. 어렵게 들어선 길이고, 그만큼 이 직업을 소중하게 생각하고 있어요.

군이 매력을 꼽자면, 다른 사람들이 정해진 시간에 퇴근해서 일제히 바삐 걸어가는 모습을 보면 '아, 난 남다른 직업을 갖고 있구나.' 하는 생각이 들어요. 어릴 때 워낙 아침잠이 많아서 출퇴근 시간에 얽매이지 않는 직업을 갖는 게 꿈이었거든요. 이 일을 하면서 꿈꾸던 바를 이룬 거죠.(웃음) 농담처럼 말씀드렸지만, 자유롭다는 것이 이 직업의 큰 매력 중 하나라는 생각이 드네요.

리먼* 저는 요리하는 걸 좋아해요. 요리는 혼자의 힘으로 결과물을 만들어 내는 거잖아요. 그 결과물이 크든 작든 간에 제 손으로 오롯이 창조해 낼 때 가장 큰 보람을 느껴요. 그런 의미에서 작곡이야말로 저에게 가장 만족감이 큰 일이에요. 만드는 보람도 있고 다른 사람이 만족해서 저에게 너무 좋다고 말해줄 때, 몇십 배, 몇백 배 더 큰 행복을 느껴요.

작곡가가 되려면 어떤 **재능**이 필요할까요? 그리고 그 **재능을 잘 유지하고 더 발전시키기 위해** 세 분은 어떤 **노력**을 하는지 궁금합니다.

리먼* 탑 라이너는 가수가 부르는 멜로디를 만드는 사람이잖아요. 그래서 일단 대중들이 쉽고 편안하게 받아들이는 멜로디가 어떤 것인지를 잘 알아야 해요. 저는 평소에 히트곡을 많이 듣고 따라 불러 봐요.

예전에는 다른 사람들이 만든 노래를 듣기만 했지 불러보지는 않았어요. 하지만 언젠가 제가 만든 곡이 어렵다, 또는 따라 부르기 힘들더라는 얘기를 들었어요. 그때부터는 사람들이 쉽고 좋다고 생각하는 멜로디를 따라 부르기 시작했어요. 자연스럽게 사람의 입에서 흘러나오는 멜로디에 대한 감을 잡기 위해서였는데, 도움이 많이 됐어요.

그리고 무엇보다 탑 라이너에게 중요한 건 상상력과 개성이에요. 아무리 좋은 곡을 많이 듣고 쉬운 멜로디를 만드는 법을 익혔다 해도, 개성 있는 멜로디를 쓸 수 없다면 의미가 없어요. 저는 성격은 내성적이지만 온갖 일에 도전하고 시도하며 살았어요. 궁금하면 제가 직접 해 봐야 직성에 풀리거든요. 책, 영화, 음악도 많이 보고 듣고, 혼자서 온갖 상상을 하며 지내는 걸 좋아해요. 경계 없는 상상이 결국 멜로디로 이어지지 않나 싶어요. 작곡가가 되고 싶은 청소년들도 꼭 그렇게 해 보라고 권하고 싶어요.

델리보이* 저는 이 일을 일이라고만 생각하지는 않아요. 작업을 하지 않을 때도 그냥 취미로, 제 개인적인 즐거움을 위해서라고 생각하며 신시사이저를 독학으로 배운다거나, 디깅을 쉬지 않고 해요. 그러다보면 트렌드도 놓치지 않고 자연스럽게 실력도 키울 수 있죠.

리원* 디깅은 정말 중요해요. 저는 아무리 피곤해도 잠들기 전에 항상 새로 나온 가상 악기와 음악을 디깅해요. 새로운 소스가 수시로 업데이트 되기 때문에, 항상 주시하고 있어야 해요. 경제 관련 일을 하는 분들은 경제

뉴스, 주식 시장 추이 같은 걸 계속 지켜보고 정보를 캐잖아요. 저희에게는 디깅을 하고 새로운 업데이트 소스를 찾는 게 그와 마찬가지의 일이에요. 또한, 제가 공동 작업을 하다 보니 무엇보다 소통이 중요하다는 걸 알게 됐어요. 너무 고집이 세고 자기 것만 주장하고 상대에 대한 배려와 존중이 없으면 팀이 깨져요. 가수들과도 소통이 잘 되어야만 작업을 잘할 수 있고요.

델리보이* 저도 동의해요. 배려심이 필수예요. 그리고 한 가지 더 꼽자면, 인내심이 중요해요. 의자에 오래 앉아서 최상의 결과물이 나올 때까지 포기하지 않고 집중해야만 좋은 곡이 나와요. 작곡은 인내심 없이는 할 수 없는 일입니다.

평소 존경하는 **롤 모델**은 없나요? 존경까지는 아니더라도 부럽거나 닮고 싶은 점이 있는 **뮤지션**이 누구인지 궁금해요.

리먼* 영국의 시프트 키(Shift K3Y)와 우리나라의 딘이라는 뮤지션이요. 시프트 키와 딘은 작사, 작곡, 프로듀싱까지 혼자서 다 하는 능력자에요. 제가 바라는 뮤지션의 모습이죠. 시프트 키의 〈Natural〉과 〈Beep Beep〉, 딘의 〈Bonnie&Clyde〉, 〈21〉은 꼭 들어보세요.

델리보이* 싱어송라이터인 이적, 김동률 두 분이 부러울 때가 있어요. 그분들의 노래를 들으면 마음이 편안해지고 여유로움이 느껴져요. 제가 갖지

좋은 음원이 있으면 수시로 만나 서로가 알고 있는 정보를 공유하며 다음 작업에 대한 아이디어를 모은다. 작곡을 포함하여 음악 작업에 필요한 다양한 애플리케이션 덕에 스마트폰만 있으면 어디서든 서로 음원을 공유할 수 있고, 떠오르는 멜로디도 정리할 수 있다.

못한 부분이죠. 사람들에게 음악으로 편안함을 준다는 게 쉽지 않거든요. 근데 두 분은 자신들의 삶이 그대로 노래에 녹아 있는 것 같아요. 저는 방황하며 살고 있어서 그런지 음악도 복잡한 것 같고요.(웃음) 많은 것을 다 담으려는 욕심을 버리고 편안한 음악을 한 번 만들고 싶어요.

세 분이 **청소년들**에게 **당부**하고 싶은 말, 꼭 지켜야 한다고 알려주고 싶은 것들이 있을 것 같아요. 작곡가를 꿈꾸는 청소년들에게 **꼭 해주고 싶은 이야기**가 있다면요?

델리보이 ＊ 우선, 음악을 분석하며 들었으면 좋겠어요. 악기의 쓰임새와 구성까지 생각하며 듣고, 평가하며, 받아들일 건 받아들이고, 비판할 건 비판할 수 있어야 자기 음악도 할 수 있어요.
요즘은 미디어에 성공한 작곡가들이 자주 나오고, 저작권료를 몇 억을 받는다는 식의 뉴스도 많아요. 그러다보니 성공하기 위해 작곡가가 되고 싶다는 청소년들도 종종 볼 수 있어요. 하지만 그건 잘못된 꿈이에요. 작가는 엉덩이로 글을 쓴다는 말이 있는데, 작곡가도 땀띠가 나도록 자리에 앉아서 계속해서 파고들어야만 좋은 곡 하나를 만들 수 있다 해도 과언이 아닐 거예요. 내가 왜 작곡가가 되고 싶은 건지, 작곡가가 되기 위해 난 얼마나 끈질기게 노력할 수 있는지 잘 생각한 후 결정하길 바랍니다.

리먼*제가 꼭 당부하고 싶은 말은, 혼자서 작업하며 '아, 난 소질이 있나 봐!' 할 게 아니라, 주위 사람들에게 많이 들려주고 평가를 받아보라는 거예요. 주변의 평가를 받다 보면 나에게 소질이 있는 건지, 좋지 않은 평가를 듣는데도 불구하고 포기하지 않고 이 길을 가고 싶은지 명확해져요.

리원*음악을 하고 싶다고 마음먹었다면, 최선을 다해서 5년은 도전해 보라고 말하고 싶어요.
작곡가로 입지를 다질 때까지 아예 수입이 없을 수도 있어요. 생활이 가능할 정도로 저작권료를 받게 될 때까지 얼마의 시간이 필요한지, 아무도 장담할 수 없고요. 작곡을 정말 잘 하는데도 데뷔의 기회가 늦게 올 수도 있어요. 그럼에도 불구하고 5년 이상 견딜 의지가 있다면 도전해 볼만하다고 생각합니다.

마지막으로, 세 분의 **앞으로의 꿈, 계획**에 대해 말씀해 주시겠어요?

리원*음악적으로 모든 걸 완벽하게 아우르는, 그러면서도 압도적인 콘셉트를 기획해내는 프로듀서가 되는 게 꿈이에요. 작곡가로서, 또 프로듀서로서 완전체가 될 때까지 최선을 다해 달릴 겁니다.

델리보이*제 꿈은 세계적인 아티스트가 되는 거예요.(웃음) 이 얘기를 하면 다들 웃는데, 진짜 그게 제 꿈이에요. 저희 어머니께서도 매일기도하신대요, 우리 아들이 세계적인 아티스트가 되게 해달라고.(웃음) 꼭 그렇게 되려고요.

리먼*어떤 직업이든 그 직업의 전문가가 되려면 1만 시간, 적어도 10년은 노력해야 한다고 하잖아요. 저는 아직 그 정도 노력은 하지 않았으니까, 앞으로 1만 시간 이상 노력해서 더 많은 사람들이 찾는 작곡가가 되려고요. 그리고 언젠가는 프로듀서로서 제가 직접 총괄한 앨범을 만들고 싶습니다. 제가 기획한 콘셉트로, 제가 쓴 곡으로 데뷔하는 아이돌 그룹을 만드는 게 꿈입니다.

사람들 앞에 나서지 않는 직업이기에 어색하다고 하면서도 끝까지 자신들의 이야기를 열정적으로 들려준
델리보이, 리먼, 리원.
위쪽 사진 가장 왼편과 아래 사진 왼쪽 두 번째는 줌바스 뮤직그룹 소속의 작사가 마플라이.

"작곡가가 되려면 어떻게 해야 하나요?"

Q1

클래식음악 작곡과에 진학해도 대중음악 뮤지션이 될 수 있을까요?

물론 될 수 있습니다. 음악을 전공하지 않고 뮤지션이 되는 사람도 있으니, 걱정할 일은 아닙니다.

클래식음악 작곡과에서는 주로 전통화성학, 서양음악사 등 '클래식음악'을 기반으로 한 음악 공부를 기초부터 꼼꼼히 배울 수 있고, 다양한 클래식 악기를 사용하여 다채로운 구성의 곡을 쓰는 능력도 키울 수 있습니다. 웅장한 오케스트라 곡을 떠올리면 쉽게 이해할 수 있을 것입니다.

클래식음악 작곡을 전공한 사람이 대중음악을 만들면 다른 전공의 작곡가들보다 현악기나 피아노 등과 더불어 오케스트라 반주가 어우러지는 곡을 잘 만들 수 있을 것입니다.

현재 활발히 활동 중인 작곡가 중 김형석, 유희열, 정재형, 돈 스파이크 등이 클래식음악 작곡을 전공하였습니다.

대중음악 작곡가가 되려면 음악대학(클래식) 작곡과와 실용음악작곡과 중 어느 쪽으로 진학하는 게 더 좋을까요?

일단 음악대학(클래식) 작곡과와 실용음악작곡과의 차이부터 알아봐야겠죠? 음악대학 작곡과는 '클래식음악'을 기반으로 공부하는 반면, 실용음악작곡과는 '재즈'를 바탕으로 재즈화성학, 재즈음악사 등을 공부합니다. 일반적으로 '대중음악을 하려면 실용음악과에 진학해야 한다.'고 생각하기 쉽지만, 사실 실용음악과는 재즈를 연주하고 이해하는 과정이 주요 교육 목표라고 합니다.

클래식음악 작곡 전공자, 실용음악작곡 전공자 모두 탄탄한 음악적 토대를 바탕으로 대중음악, 영화음악, 게임음악 등 다방면에서 활약하고 있습니다. 두 학과 모두 대중음악 작곡에 도움이 되는 것은 분명하므로, 클래식 피아노를 오래 배웠으며 음감이 뛰어나다면 클래식음악 작곡과, 순발력이 뛰어나며 다양한 코드의 즉흥 연주를 즐긴다면 실용음악작곡과에 지원해 볼 것을 추천합니다.

Q3

지금 활발하게 활동하는 작곡가들의 전공이
궁금해요. 음악이 아니라 아예 다른 전공을 한
사람들도 있다고 들었어요. 독학으로 성공한
사람들도 많다던데, 너무 궁금해요.

이 책에서 소개한 리원과 델리보이뿐만 아니라 많은 작곡가들이 대학에
진학하지 않고 독학으로 작곡가가 되었습니다. 아이돌 음악을 많이 만들기
로 유명한 신사동 호랭이와 용감한 형제가 대표적입니다.

아이돌 그룹의 멤버로 활동하면서 작곡가를 겸하고 있는 뮤지션들은 대부
분 독학을 하였습니다. 빅뱅의 지드래곤, B1A4의 멤버 진영, 샤이니의 멤버
종현 등은 아이돌 그룹의 멤버이면서 싱어송라이터로 직접 작곡 및 작사
를 하고 있는데, 이들 모두 대학에서 음악을 전공하지는 않았습니다.

대학에 진학하여 다른 전공을 하다가 음악을 하게 된 뮤지션도 많습니다.
조영수(생명공학), 박진영(정치학과), 방시혁(미학과), 윤종신(국문과), '이단옆차
기'의 박장근(영화과), 이민수(사진공학) 등이 그들입니다.

물론 전공자도 많습니다. 앞서 언급한 유희열, 돈 스파이크, 김형석 외에도
김건모(국악과), 유영석(실용음악과), 윤일상(포스트모던음악학과) 등을 꼽을
수 있습니다.

떠오르는 멜로디가 있는데 악보를 그릴 줄 몰라요. 악보로 만들고 싶을 때는 어떻게 하죠?

악보를 그릴 줄 몰라도 작곡을 할 수 있습니다. 요즘은 소리를 악보로 만들어주는 애플리케이션이 출시되어 음악 공부를 하지 않은 사람이라도 떠오르는 멜로디를 쉽게 악보로 옮길 수 있습니다.

스마트폰 애플리케이션인 '스코어 클라우드 익스프레스(Score Cloud Express)'를 실행한 후 멜로디를 흥얼거리면 음을 악보로 만들어 줍니다.

컴퓨터에서 실행한다면 이미톤(Imitone)이라는 데스크톱 애플리케이션을 추천합니다. 사용자가 노래를 부르거나 허밍을 하면 컴퓨터에 음표로 그려줍니다. 컴퓨터에 연결된 마이크에 노래를 하면 이미톤이 그 노래의 음을 찾아주는 시스템입니다. 주요 레코딩 프로그램인 개러지 밴드(Garage Band)나 로직(Logic), 프로툴즈(Pro Tools)와도 연계된다는 것이 장점입니다.

그 외에도 데스트톱 애플리케이션인 디지털 이어(Digital Ear)는 노래나 악기를 듣고 미디(MIDI) 파일로 변환해줍니다.

Q5

집에서 혼자 미디 음악 작곡을 공부하고 싶습니다. 기본적인 장비와 미디 프로그램이 궁금해요.

1. 필수 장비

1) 컴퓨터 또는 노트북

어느 것이든 상관없습니다. 다만, 데스크톱 컴퓨터를 사용할 경우 브랜드 PC보다는 조립식 컴퓨터를 추천합니다. 브랜드에 비해 비용대비 고사양으로 마련할 수 있기 때문입니다. 음악 작업을 위해 설치해야 하는 미디 프로그램이 저사양 PC에서 구동이 잘 되지 않을 수 있으므로 가급적 고사양이 좋습니다.

2) 오디오 인터페이스

컴퓨터에 내장된 사운드카드는 소리와 관련된 최소한의 기능만을 처리합니다. 곡을 만들려면 주변 소음을 억제하고 음악의 소리 자체를 충실히 구현해야 하는데, 사운드카드만으로는 작업에 한계가 있습니다.
그래서 오디오 인터페이스가 꼭 필요합니다. 오디오 인터페이스는 사운드카드의 상위개념으로 생각하면 되는데, 사운드를 원활하게 구동시키고 악기나 마이크, 스피커 등 외장 악기들을 연결시키는 기능을 합니다.

3) 스피커와 헤드폰

음악을 듣기 위해서는 스피커와 헤드폰이 필수입니다. 밖에서 작업할 경우에는 헤드폰, 실내에서 장시간 작업할 때는 스피커가 좋습니다. 스피커로 작업을 할 계획이라면 필요에 따라 방음 시설을 갖추는 것도 고려해야 합니다.

4) 신시사이저 또는 마스터키보드

신시사이저는 음원이 내장되어 있어 컴퓨터에 연결되지 않아도 밖으로 소리가 나지만, 마스터키보드는 음원이 없어 그냥 치면 아무 소리도 안 납니다. 컴퓨터와 오디오 인터페이스, 스피커, 미디 프로그램까지 모두 연결해야 소리를 들을 수 있습니다. 25, 49, 61, 76, 88건반 중 자신에게 맞는 건반을 구매하면 됩니다.

그 외에도 스피커 스탠드, 마이크 스탠드, 건반 페달, 마이크의 소음을 방지하는 팝 필터 등도 있으면 좋습니다. 하지만 필수 장비만으로도 충분히 좋은 음악을 만들 수 있으므로, 다른 장비들은 실력이 늘었을 때 하나씩 구입하는 것이 좋습니다.

2. 미디 프로그램

1) 프로툴즈(Pro Tools)

국내외 녹음실, 특히 방송과 레코딩 부분에서 많이 사용되는 프로그램입니다. 미디 작업은 기본이고 오디오 녹음, 편집, 믹싱 기능을 모두 갖추고 있습니다.

데스크탑과 맥킨토시에서 모두 사용 가능하며, 컴퓨터의 오디오 카드에서도 제품이 구동되므로 노트북과 프로툴즈만 있어도 자유롭게 작업이 가능합니다.

2) 큐베이스(Cubase)

사용자층이 두터운 프로그램으로, 미국의 스테인버그(Steinberg)사에서 만들었습니다. 스테인버그사는 가상 악기로 유명한 회사인데, 큐베이스 역시 가상 악기와의 호환성이 좋아 선호도가 높습니다. 또한 오디오 편집 기능이 우수해 따로 오디오 프로그램을 쓸 필요가 없습니다. PC와 맥킨토시에서 모두 사용이 가능하다는 것도 이점입니다.

3) 로직(Logic)

방대한 가상 악기와 이펙터 라이브러리를 포함하고 있어, 추가로 가상 악기를 구입하지 않아도 양질의 음악을 간편하게 제작할 수 있습니다.

맥킨토시에서만 구동된다는 단점이 있지만, 맥킨토시의 번들 프로그램인 '개러지 밴드(Garage Band)'와 파일을 호환할 수 있어 편리하게 활용할 수 있습니다.

4) 소나(Sonar)

케이크워크(Cakewalk)사에서 만든 미디 프로그램입니다. 미디 편집 기능이
뛰어나 미디 작업시 가장 빠르게 작업할 수 있습니다.

5) FL스튜디오

다른 미디 프로그램에 비해 비교적 사용 방법이 쉬운 편입니다. DJ 및 턴
테이블 기능이 있어 DJ나 힙합 아티스트들이 많이 사용합니다.

음악에 생기를 불어넣는 작사가

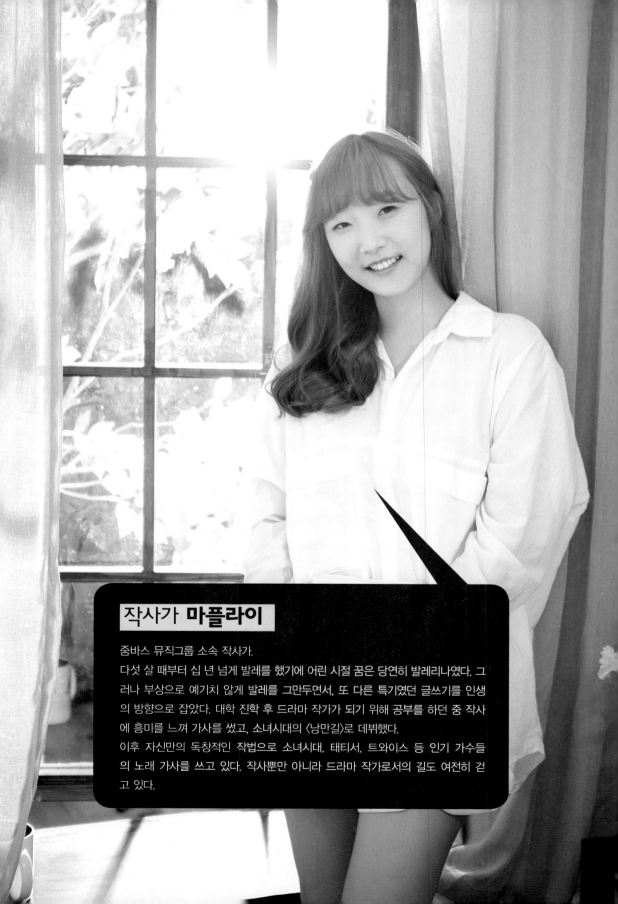

작사가 마플라이

줌바스 뮤직그룹 소속 작사가.

다섯 살 때부터 십 년 넘게 발레를 했기에 어린 시절 꿈은 당연히 발레리나였다. 그러나 부상으로 예기치 않게 발레를 그만두면서, 또 다른 특기였던 글쓰기를 인생의 방향으로 잡았다. 대학 진학 후 드라마 작가가 되기 위해 공부를 하던 중 작사에 흥미를 느껴 가사를 썼고, 소녀시대의 〈낭만길〉로 데뷔했다.

이후 자신만의 독창적인 작법으로 소녀시대, 태티서, 트와이스 등 인기 가수들의 노래 가사를 쓰고 있다. 작사뿐만 아니라 드라마 작가로서의 길도 여전히 걷고 있다.

발레리나를 꿈꾸던 아이,
새로운 도전을 시작하다.

작사가들은 대부분 **어린 시절**부터 글을 썼고, 소설가나 시인을 준비하던 분들이 많던데, 발레를 전공하셨다니 뜻밖이네요.

네, 전 다섯 살 때부터 발레를 했고, 고등학교도 발레 전공으로 예고에 진학했어요. 하지만 발레만큼이나 독서를 좋아했어요. 혼자서 이런저런 상상을 하거나 책을 읽는 걸 좋아했죠. 제가 독서를 워낙 좋아하기도 했지만, 엄마께서 책을 많이 사주셨어요. 덕분에 공부는 안 해도 책은 늘 들여다보는 아이가 되었지요.(웃음) 일기 쓰는 것도 좋아해서 하루도 빠짐없이 일기를 썼어요.

조금 특이한 점이라면, 어릴 때는 보통 동화책을 많이 읽잖아요. 그런데 저는 경제나 인물을 다룬 책에 관심이 많았어요. 그래서 궁금한 사실이나 알고 싶은 인물이 생기면 호기심이 충족될 때까지 책을 계속 찾아가며 읽었어요.

어릴 때부터 집요한 면이 있었네요.(웃음)

어릴 때 별명이 좀 모자란 애 같다고 '모지리'였어요.(웃음) 관심을 가지는 일 외에는 잘 못해서 일상적인 일에 약한 모습을 보이다보니 그렇게 불렸어요.(웃음) 친구들이 그래요. "네가 지금 컴퓨터로 글을 쓰니 망정이지, 원고지에 펜으로 써야 했다면 아마 아무것도 못 썼을 거야." 워낙 멀티플레이가 안 되거든요. 생각하는 것과 쓰는 건 또 별개라서 그조차도 멀티플레이가 안 될 거라는 놀림인데, 일리가 있는 지적이에요.(웃음)

책을 많이 읽는다고 해서 누구나 글을 다 잘 쓰는 건 아니잖아요. **글쓰기 재능**이 있다고 생각한 건 언제인가요?

어릴 때부터 발레를 하다 보니, 가끔은 하기 싫을 때도 있었어요. 하루쯤은 그냥 쉬고 싶었죠. 그런데 어느 날 선생님께서 "백일장 나갈 사람?" 하고 말씀하시는 거예요. '백일장에 나가면 발레 연습을 빠져도 되겠구나.' 하는 마음에 손을 번쩍 들었어요. 그렇게 나가게 된 백일장에서 덜컥 상을 받았고, 이후로는 꾸준히 백일장에 나가게 됐어요. 수상 경력이 있다 보니 학년이 바뀌어도 계속해서 나가보라는 추천을 받았지요.
제가 다니던 중학교의 국어선생님이 시인 복효근 선생님이셨어요. 하루는 선생님께서 제게 글을 써보면 어떻겠냐고 권하시더라고요. 발레를 전공하면서 시를 쓰는 것도 나쁘지 않을 거라면서요. 저도 관심이 있어서 선생님게 지도를 받기 시작했고, 그렇게 글 쓰는 법을 익히게 되었어요.

발레만 한 게 아니라 글도 일찌감치 재능을 보인 거군요. **책 읽고 글 쓰는 것** 외에는 또 어떤 일에 **관심**이 있었나요?

발레를 하면 클래식음악을 항상 듣게 되잖아요. 그러다보니 자연스럽게 클래식음악에 관심을 가지게 됐고, 시간이 흐르면서 점점 다른 장르의 음악에도 관심을 갖게 됐어요. 재미있는 게 클래식음악을 계속 듣다 보니 귀가 예민해져서, 악기 소리나 연주 기법을 구분하는 능력이 생기더라고요. 그때는 작사가가 될 거라고는 생각도 못했는데, 지금 도움이 많이 돼요.

발레를 완전히 포기하고 **작사가가 된 이유**가 부상을 당했기 때문이라고 들었습니다.

글쓰기를 좋아했지만 그건 어디까지나 취미였고, 쭉 발레리나의 꿈을 이루기 위해 노력했어요. 그런데 고등학교 3학년 때 부상을 입었고, 여러 측면을 생각해 볼 때 발레를 다시 시작할 수 있을지 미지수였어요. 그래서 다른 길을 찾기로 결심했죠.
발레를 그만두기로 결심하기까지 정말 힘들었어요. 그때까지 발레가 제 인생의 중심이었으니까요. 마음고생이 정말 심했어요. 그러던 차에 몇몇 선생님께서 저에게 글을 써보면 어떻겠냐고 하시더라고요. 그런데 그 말에 왠지 용기가 생겼어요. 고민하고 갈등하고, 그러다 다시 용기 내기를 반복하다가 대학에 진학했어요. 그리고 드라마 작가 공부를 시작했죠.

그럼 **대학**도 국문과나 문예창작과에 진학하신건가요?

아뇨, 저는 경영학과를 전공했어요. 공부하고 싶은 분야가 많았는데, 그 중에 특히 심리학이나 예술경영 쪽에 관심이 많았어요. 글을 잘 쓰려면 글을 잘 쓰기 위한 기술보다는 세상과 사람을 보는 눈을 키워야 한다는 게 제 생각이에요. 경영학과라는 게 사람과 사회, 그리고 시장 원리에 대한 안목을 키우는 곳이라 생각했고, 그래서 진학하게 됐습니다. 만약 제 꿈이 순수문학을 하는 거였다면, 아마 국문학과나 문예창작학과도 고려했을 거예요. 하지만 역사나 인문학, 경제학 같은 전문 분야를 깊이 알고 글을 쓰고 싶다는 생각이 강했어요.

"글을 잘 쓰려면 글을
잘 쓰기 위한 기술보다는
세상과 사람을 보는 눈을 키우는 게
더 좋다는 게 제 생각이에요. "

리얼Real 작곡가·작사가·프로듀서

드라마 작가 준비생의
작사가 도전기

드라마 작가가 되기 위해 공부를 시작했는데, **어떻게 작사가의 길을** 걷게 되신 건가요?

드라마 작가는 보통 준비 기간이 매우 길어요. 대학을 졸업한 후에도 드라마 작가가 되기 위해 계속 공부하고 있었는데, 문득 작사를 해 보면 어떨까 싶더라고요. 음악을 좋아하다보니 그전에도 막연히 그런 생각을 한 적이 있었어요. 그런데, 드라마 모니터링을 하면서 드라마 OST를 접하다 보니 가사에 아쉬움이 남는 OST가 계속 보이더라고요. 그러면서 작사에 대한 마음이 커진 것 같아요. 제가 하고 싶은 이야기를 노래로 전달할 수 있다는 점도 좋았고요.

무모하다고 생각하시겠지만, 관심이 커졌으니 누구라도 만나봐야겠다고 생각했고, 작곡가 겸 작사가인 분을 무작정 찾아갔어요. 그런데 그분께서 제 이야기를 쭉 듣더니 같이 작업을 해 보자고 말씀해 주셨고, 다른 분들과 함께 사용하는 작업실에 나오라고 해 주셨어요. 그곳에서 조금씩 일을 배우던 중에 함께 작업했던 곡이 채택되면서 데뷔하게 됐어요. 2013년 1월 1일에 발표된 소녀시대의 〈낭만길〉이라는 곡이 제가 처음 써서 발표한 가사예요. 작사가가 되고 싶다는 마음을 먹은 지 얼마 되지 않아 정말 빨리 데뷔했어요. 운이 좋았죠.

마플라이가 쓴 가사들은 슬픔조차도 **묘사**가 아름다워요. 부정적인 내용도 없고요. **전달하고 싶은 메시지가 확실한 작사가**라는 생각을 했어요.

K-POP은 주로 10대~20대들이 많이 듣는데, 저는 그들에게 긍정적인 영향을 주는 가사를 쓰고 싶어요. 음악이라는 게 듣는 사람이 자기도 모르게 영향을 받게 돼요. 그래서 좋은 메시지, 좋은 에너지를 나누고 싶어요.

별다른 작사 관련 스터디나 양성 기관에 다니지 않고, 작곡가와 작사가들의 공동 작업실에서 잠깐 배우고 데뷔하셨는데, 마플라이만의 **작사 공부법**, 알려주시겠어요?

전 평소에 좋아하는 가사가 있으면 그걸 그대로 받아쓰는 필사를 많이 했어요. 이때 중요한 건 반드시 노래를 들으면서 해야 한다는 거예요. 가사는 음절의 매끄러움이나 라임이 중요해요. 그래서 노래를 들으며 그 느낌까지 몸에 익히며 필사해야 의미가 있어요.

또 하나, 쓰고 싶은 이야기들을 노트에 마인드맵 형식으로 정리했어요. 취미로 시작한 건데 예를 들어, '슬프다'라는 단어를 쓰고 슬픔과 관련되어 있는, 슬픔을 연상시키는 모든 단어들을 노트에 모조리 써보는 거예요. 좀 독특한 취미인데, 슬픈 노래에는 슬픔과 관련된 가사가 들어가잖아요. 똑같은 슬픔이라도 남들과는 다른 어휘로 표현해야 나만의 가사가 될 수 있어요. 작사가로 일을 하면서 이 취미가 정말 도움이 많이 됐어요. 요즘도 갑자기 떠오르거나 처음 보는 신기한 단어가 있으면 꼭 따로 정리를 해둡니다.

노래를 들으면서 필사하는 건 **음악적인 감각**을 높이기 위한 방법이고, 단어 정리는 **문학적인 감각**을 높이는 방법인 것 같아요. 작사가에게는 이 두 가지가 모두 중요하겠지요?

그럼요. 또 하나, 작사는 다른 문학과 차이가 있어요. 우선 그 곡을 부를 아티스트를 파악하는 게 중요한데, 아주 단적인 예로 아이돌 그룹 중에는 외국인 멤버가 많아서 한국어 발음에 어려움을 겪는 경우가 많아요. 그래서 그 친구들도 발음하기 좋은 단어로 쓰는 게 좋아요.

그동안 활기찬 노래를 많이 부른 가수라면 그에 어울리는 가사를, 퍼포먼스를 많이 하는 가수라면 그에 맞는 가사를 써주어야 해요. 이런 식으로 가사를 쓸 때는 노래를 부르고 의미를 전달하는 아티스트에 초점을 맞추는 게 중요해요.

저는 가사를 쓸 때 악기 소리까지 고려를 해요. 만약 드럼 소리가 갑자기 사라진다거나, 곡의 분위기가 바뀐다거나, 혹은 악기가 새롭게 추가되는 부분이라면 가사도 곡의 분위기를 더 고조시키고 반전을 주는 방식으로 구성해요.

작사가에 관심을 갖는 청소년들이 많습니다. 작사가가 되려면 어떻게 해야 하느냐는 질문이 인터넷에 아주 많더라고요. **작사가를 꿈꾸는 친구들**이 **참고**할 만한 이야기들을 좀 더 부탁드립니다.

실제로 제 SNS를 통해서도 그와 같은 질문이 많이 하시는데, 제가 말씀드리고 싶은 건 무엇보다 책을 많이 읽으라는 거예요. 3~4분 정도의 짧은 노래에도 스토리가 필요해요. 스토리 없이 멋을 부린 표현이나 묘사만으로 가사를 만든다면 그 가사는 채택되기 힘들어요. 스토리가 명확하면서도 표현과 묘사가 좋은 가사가 경쟁력이 있어요. 그런 가사를 쓰기 위해서는 평소에 독서를 많이 하는 게 좋아요. 소설책도 많이 읽고 인문학 책도 많이 읽고, 시도 많이 읽어야 좋은 가사를 쓸 수 있어요. 최소한 자기 나이에 꼭 읽어야 할 권장도서쯤은 다 읽는다고 생각해야 할 것 같아요.

또 하나는, 다양한 장르의 음악을 많이 들어야 한다는 거예요. 작사가는 자기가 좋아하는 장르의 노래 가사만 쓰는 게 아니에요. 힙합을 몰라도 힙합곡의 가사를 써야 할 때도 있거든요. 저도 랩을 쓰는 데 어려움을 겪은 적이 있어요. 그래서 래퍼를 소개받아서 노하우를 전수받으며 공부했어요. 평소 잘 모르는 장르의 곡이라고 해서 가사 의뢰를 거절하면 그건 작사가로서의 한계를 드러내는 거예요. 유행하는 음악, 사람들이 좋아하는 음악은 내가 잘 모르고 관심이 없던 장르라 해도 많이 듣고 공부해두는 게 좋아요.

영화도 도움이 돼요. 저의 경우에는 영화를 보다가 이야기의 일정 부분만 잘라서, 그 부분을 가사로 표현하는 식으로 연습을 했어요. 영화 속 이야기를 저만의 방식으로 새롭게 표현하는 거죠. 그러다보면 자연스럽게 스토리를 만드는 능력, 표현하는 능력을 키울 수 있어요. 표현력은 좋은데 스토리를 짜는 게 힘든 분이라면 꼭 영화로 훈련해 보라고 권하고 싶어요.

마지막으로, 평소 자기 생각을 정리하고 글로 표현하는 습관을 기르세요. 그러면 생각을 가사로 옮기는 데도 큰 도움이 될 거예요.

아, 영어 가사를 쓰는 법에 대한 문의도 많이 하시더라고요. 저는 팝송을 들으면서 평소에 영어 단어마다의 뉘앙스나, 같은 뜻을 다르게 표현하는 단어들에 대해 많이 찾아보면서 공부해요. 평소에 이렇게 준비해두면 작업에 도움이 많이 돼요.

작사가가 되고 싶은 사람에게 꼭 **필요한 능력**이라면 어떤 게 있을까요?

같은 것도 보는 사람에 따라 해석이 다르잖아요. 작사가라면 남다른 안목과 시각이 있어야 한다고 생각해요. 똑같은 이별이라도 누군가는 그걸 내리는 비에 비유하고 누군가는 나무에서 떨어지는 나뭇잎에 비유하죠. 같은 얘기라도 많은 사람들이 공감할 수 있도록 쓰는 것, 여기서 한 걸음 더 나아가 그걸 살짝 비틀어 나만의 시선으로 해석하여 표현하는 능력이 작사가에게 가장 중요한 능력이 아닐까 해요.

가령 소유와 정기고가 부른 〈썸〉 같은 노래가 그래요. 다들 '썸'이라는 단어를 알고 있지만 그걸로 노래를 만들 생각은 못했거든요. 이렇게 시대적인 현상이나 트렌드를 자신만의 센스로 해석할 때 좋은 가사가 나온다고 생각해요. 그래서 저는 평소에 책과 신문을 닥치는 대로 읽어요. 심리학 책도 많이 읽고요.

주변 사람 이야기를 평소에 많이 듣고 얘기를 많이 나누는 것도 중요해요. 세상 모든 일을 제가 다 경험할 수는 없으니까 간접 경험을 많이 쌓는 거죠. 다른 사람의 이야기에서 소재를 얻을 때도 많아요. 물론 모든 가사의 가장 중심에는 제 경험이 있죠. 제가 쓴 가사 중에는 제 경험이 녹아 있는 가사들이 많아요. 경험담만큼 가사로 잘 표현되는 것도 없으니까요.(웃음)

작사가의
작사 이야기

어떤 방식으로 작업을 하는지, 한 곡의 **노랫말이 완성되는 과정**이 궁금합니다.

가사 의뢰가 들어올 때는 멜로디와 반주가 모두 완성된, 가사만 딱 빠진 상태에서 허밍으로 노래를 불러 녹음한 가이드 파일이 전달됩니다. 이때 어떤 가수가 노래를 부를 건지 정보가 올 때도 있고, 가수가 결정이 안 된 상태로 의뢰가 오기도 합니다. 어떤 경우엔 가사의 주제가 정해져서 오기도 하고 어떨 때는 그냥 작사가의 의도대로 써달라고 할 때도 있어요. 그때그때 작업의 환경이 다른 거죠.

저는 가이드 곡이 오면 제일 먼저 음절의 수를 세어 봐요. 음표의 수와 음절이 잘 맞아야 노래가 자연스러우니까요. 그 다음에 어떤 내용을 담을지 여러 방향으로 상상하며 가닥을 잡습니다. 내용이 결정되면 작사를 하는데, 계속해서 노래를 불러보면서 다듬습니다. 아무리 좋은 가사라 해도 막상 불러보면 가사와 멜로디가 잘 붙지 않거나,

숨 쉬는 부분이 모호하거나, 발음이 어려워서 귀에 잘 안 들어오는 등 문제가 발견이 돼요. 가사는 멜로디, 호흡, 발음, 듣는 사람의 편안함을 모두 생각해서 쓰는 게 중요해요. 그래서 가급적 부르기 쉬운 단어를 선택하기 위해 항상 고심합니다.

수정을 마친 다음에 의뢰한 회사로 보내는데, 한 사람에게만 작사를 의뢰하는 게 아니라 여러 작사가에게 의뢰한 다음 채택하는 경우가 많아요. 경쟁이죠. 채택되면 의뢰인의 요청대로 다시 수정을 하는 경우도 있어요. 물론 떨어지는 경우도 있고요.

녹음은 늘 참여하는 건 아니고 요청이 있을 때만 참석합니다. 녹음 중에 발음이 어렵거나, 가수가 가사를 이해하기 어려워하면 설명을 해 주기도 하고 즉석에서 수정을 하기도 하고요.

스스로 돌이켜 생각할 때 작사가로 **가장 인정받았던 곡**은 어떤 곡이라 생각하나요?

드라마 「킬미힐미」의 OST였던 〈환청〉이라는 곡의 가사를 제가 썼어요. 당시에 「하이드, 지킬, 나」라는 드라마와 같은 시간대에 방영되었는데, 그 드라마에 배우 현빈 씨가 출연해서 「킬미힐미」가 시청률에서 밀리지 않을까 걱정했어요. 그런데 드라마가 큰 인기를 얻었고 〈환청〉도 인기를 얻어서 음원 차트에서 1위를 했죠. 정말 기뻤어요.

"녹음은 늘 참여하는 건 아니고
요청이 있을 때만 참석합니다.
녹음 중에 발음이 어렵거나,
가수가 가사를 이해하기 어려워하면
설명을 해 주기도 하고
즉석에서 수정을 하기도 하고요."

소녀시대 태티서 앨범에 가사가 채택됐을 때도 감회가 남달랐어요. 〈Holler〉, 〈Eyes〉, 〈아드레날린〉, 〈첫눈처럼〉 등 꽤 많은 곡의 가사를 썼는데, 소녀시대와 태티서 멤버들에 대해서 정말 고민을 많이 해서 가사를 썼어요. 다행히 채택되어서 보람이 있었죠. 규현의 〈멀어지던 날〉도 마찬가지고요.

좋은 가사를 써줘서 고맙다며 노래를 부른 가수의 팬들이 저에게까지 선물을 보내주실 때가 있어요. 제 SNS에 응원의 메시지도 남겨주시고요. 이렇게 반응이 좋을 때 가장 행복하고, 더 좋은 가사를 써야겠다는 다짐도 하게 돼요.

마플라이가 생각하는 **잘 쓴 가사**는 어떤 가사인가요?

저는 살짝 비틀어 놓은 듯한 독특한 시각이 느껴지는 가사가 좋아요. 가령, 이별에 대한 노래를 쓸 때 한 사람은 슬프다는 감정으로 받아들이지만 상대는 '지금까지 네가 나한테 잘 해준 게 없는데, 이제 와서 뭐 그렇게 슬퍼하냐?'라고 할 수도 있잖아요. 감정을 평면적으로 볼 게 아니라 이렇게 좀 다른 시선으로 해석한 가사가 좋더라고요.

또, 가사를 들었을 때 그림이 그려지는 가사가 좋아요. 요즘은 가사 내용에 따라 뮤직비디오도 나오고 안무도 나오기 때문에 어떤 식으로 연출해서 어떤 그림이 나오면 어울리겠다, 는 그림이 그려지는 가사를 선호합니다.

노래를 듣다보면 **유난히 노래 가사가 귀에 잘 들어오는 경우**도 있고 아닌 경우도 있어요. 어떻게 써야 가사가 귀에 잘 들어올까요?

일단 무조건 많이 쓰고 많이 불러봐야 해요. 같은 가사라도 곡에 따라 잘 들리기도 하고 귀에 잘 안 들어오기도 하거든요. 음정이 높을수록 입을 크게 벌려야 고음처리가 쉽기 때문에, 고음 부분에서는 모음 'ㅡ', 'ㅣ'는 잘 쓰지 않고 'ㅏ'와 같이 열린 발음의 가사를 써야 부르는 사람도 편하고 귀에도 잘 들어와요. 이런 부분은 직접 노래를 큰 소리로 불러봐야 알 수 있어요. 자세히 보면 좋은 가사는 발음하기 쉬운 단어들로 되어 있어요. 쓰고, 부르고, 들어보는 것이야말로 좋은 가사를 쓸 수 있는 비법이죠.

창작의 스트레스가 대단할 것 같아요. **중간에 포기하고 싶을 때**는 없었나요?

제가 쓴 가사가 채택되지 않고 계속 떨어질 때는 정말 힘들어요. 기획사에서는 여러 작사가가 쓴 가사를 경쟁에 붙여서 채택하는데, 계속 떨어지면 정말 미치도록 속상해요. 요즘은 잘 안 떨어지는데 데뷔 초기에는 정말 많이 떨어졌어요. 매일매일 가사를 써서 보내는데 두 달 동안 계속 떨어진 경우도 있어요.

그럴 때에는 다른 작곡가나 작사가들을 보며 위안을 삼았어요. 긴 시간

동안 이 분야에서 버티며 자기만의 색깔을 구축해온 분들을 보며 분발했지요. 작업을 많이 할수록 자기만의 스타일이 생기고 노하우도 생기거든요. 단기간에 되는 게 아니니까 끈기 있게 버티자며 각오를 다졌죠.

작사가로서 **이건 꼭 지킨다** 하는 건 어떤 게 있을까요? 그리고 **작사가**라는 직업 때문에 **생긴 독특한 습관**이 있는지도 궁금합니다.

무엇보다 성실하게 마감을 지키는 것! 그게 제일 중요하다고 생각해요. 약속 시간을 어기면 절대 안 돼요. 작사는 급하게 의뢰가 오는 경우가 많은데 정해진 시간을 못 지키면 다 쓴 가사가 그대로 사장될 수밖에 없어요. 그래서 마감 시간을 지키는 게 정말 중요해요. 전 지금까지 마감 시간을 한 번도 어긴 적이 없어요.

마감 시간을 잘 지키려면 순발력이 중요해요. 그래서 언제 일이 들어오든 바로 작업을 할 수 있도록 다양한 이야기와 제목을 평소에 정리해두지요. 일기도 매일 써요. 오늘 있었던 일, 웃음이 났던 일, 하소연에 가까운 내용을 쓰기도 하고요. 연애 중일 때는 연애를 하며 느끼는 감정을 고스란히 적어요. 실화를 바탕으로 한 가사가 더 많은 분들에게 공감을 얻는 것 같더라고요. 친구들과 대화하다가도 막 메모를 해요. 친구가 재미있는 이야기를 하면 꼭 메모해 두죠. 대화 중인 다른 친구들은 제가 다른 사람과 메신저를 주고받는다고 생각하지만 실은 이야기 중 일부를 가사 아이디어로 메모하는 거예요. (웃음)

저는 일상에서 가사의 소재를 찾는 편이라 하루하루 생활하면서 소재를 얻고 표현을 가다듬는 편이에요. 샤워를 하다 빗방울에 대한 표현을 찾기 위해 물을 손에 담아 떨어뜨려 본다거나, 인터넷 커뮤니티의 연애 상담 글을 보며 소재를 얻거나, 일부러 별난 행동이나 엉뚱한 상상들을 하기도 해요. 작사가가 되지 않았다면 하지 않았을 행동들이죠.

작사가라는 **직업의 매력**은 무엇일까요?

제 생각이 담긴 가사를 다른 사람들이 따라 부른다는 것이야말로 작사의 매력이 아닐까 해요. 가수들의 목소리로 제 이야기를 하는 것이고, 그걸 또 듣는 사람들이 자신의 입으로 따라 하게 되잖아요. 정말 특별한 일이라고 생각해요. 개인적인 시간이 많다는 것도 매력이에요. 아마 출퇴근을 안 하니 백수인줄 아는 분도 있을 거예요. 작사가에게는 독서도 영화 감상도 다 일이예요. 소재를 얻는 과정이니까요.

물론 단점도 있어요. 출퇴근을 안 하지만 밤을 새는 일이 잦고, 짧은 시간 안에 결과물을 만들어야 하기 때문에 스케줄이 항상 불규칙해요. 다행히 제가 이 일을 좋아해서 즐겁게 몰입하고 있지만, 그래도 단점이 없을 수는 없죠.

저는 이 일이 너무 재미있어서 어떨 때는 가사를 하나 의뢰받았는데 두 개씩 작업해서 보내기도 해요. 다시 과거로 돌아간다 해도, 아마 이 직업을 그대로 선택할 것 같아요.

"일기도 매일 써요.
오늘 있었던 일, 웃음이 났던 일,
하소연에 가까운 내용을 쓰기도 하고요.
연애 중일 때는 연애를 하며
느끼는 감정을 고스란히 적어요.
실화를 바탕으로 한 가사가
더 많은 분들에게 공감을 얻는 것
같더라고요. "

드라마 작가로서의 꿈은 이제 접은 건가요? **앞으로의 꿈과 계획**이 궁금해요.

드라마 작가로서 드라마 계약도 했고, 소설도 쓰고 있어요. 작사가 중에는 회사원도 있고, 방송작가와 같은 다른 일을 병행하는 분들도 있어요. 저는 뮤직 비디오 시나리오나 엔터테인먼트 기획 쪽 일에 도전해 보고 싶어요. 실제로 작사가가 A&R(Artist and Repertoire. 아티스트의 발굴과 육성, 홍보를 관장하는 책임자)이 되는 경우도 많아요. 아티스트와 곡의 분위기에 맞는 가사를 쓰는 게 작사가니까 기획 일에도 감각이 발휘되는 거죠. 저 역시 관심을 두고 있습니다.

작사가라는 직업에 대해 **정의**한다면요?

'음악에 생기를 불어 넣는 사람'이 바로 작사가가 아닐까 해요. 작사가는 무에서 유를 창조하는 사람이 아니에요. 작곡가가 만들어 놓은 음 하나하나에는 이미 감성이 입혀져 있어요. 간혹 자신이 쓴 가사를 봐달라는 작사가 지망생들이 있는데, 착각하면 안되는 게 작사가는 음악에 가사를 입히는 사람이에요. 작사가의 역할은 작곡가가 만든 감성을 스토리로 극대화시켜주는 거예요. 작사가 지망생들이 이 부분을 잊지 않았으면 해요.

작사가가 되고 싶은 친구들에게 마지막으로 **한 마디** 해 주시겠어요?

작사가가 되고 싶은 분들을 위한 학원도 생겼고, 온라인에서도 강좌라거나 정보가 많이 제공되고 있는데요, 무엇보다 중요한 건 본인의 의지가 아닐까 해요. 진심으로 작사가가 되고 싶다면 인내심을 가지고 끝까지 노력하며 문을 두들기라고 말씀드리고 싶어요. 언젠가는 꼭 좋은 작사가가 될 수 있을 거예요.

서로 스케줄이 달라 자주 만날 수는 없지만 일정이 맞을 때면
소속 작사가와 작곡가들이 만나 새로운 정보를 나누기도 한다.
사진 왼쪽부터 마플라이, 리먼, 델리보이, 리원.

" 저작권이 궁금해! "

Q1

내가 만든 음원을 다른 사람이
함부로 사용하는 걸 막고 싶어요.

음원을 저작권 협회에 등록하면 다른 사람들이 무단으로 이용하는 것을 막을 수 있습니다. 저작권은 내가 창작한 저작물에 대해 일정기간 동안 독점적으로 사용할 수 있는 권리입니다. 만약 다른 사람이 내 음원을 허락도 없이 사용하고 있다면, 발견 즉시 자신이 음원의 권리자임을 밝히고 게시자와 사이트 운영자에게 자료 삭제를 요구해야 합니다. 그래도 아무 조치를 취하지 않을 경우에는 게시자와 사이트 운영자 모두에게 법적 책임을 물을 수 있습니다.

Q2

무료로 배포된 음악에도 저작권이 있나요?

모든 창작물은 만들어진 순간부터 저작권을 가지고 있으며, 저작권은 어떠한 형식이나 절차에 관계없이 발생합니다. 요즘 뮤지션이나 아티스트들이 좋은 취지를 담아 자신의 창작물을 무료로 배포하는 경우가 많은데, 그 창작물이 무료인지 유료인지는 저작권 발생과 무관합니다. 모든 저작물에는 저작권이 있으며, 무료 음원에도 저작권이 있습니다.

Q3

전 세계에서 음원 수익을 가장 많이 거둔 곡이 궁금해요!

전 세계에서 가장 많이 불리는 노래는 무엇일까요? 바로 〈생일 축하합니다(Happy Birthday To You)〉입니다. 이 노래는 1893년에 미국의 힐(Hill) 자매가 유치원생들을 위해 만들었는데, 1935년 미국 저작권청에 등록된 이후, 현재까지 무려 5,000만 달러의 수익을 내며 세계 최고의 음원 수익을 기록했습니다. 하지만 최근 미국 법원 판결에 의해 저작권 보호기간이 만료된 것으로 결정되어, 누구나 이용 가능한 공유저작물로 전환되었습니다.

Q4

음원이 하나 팔릴 때 노래를 만든 사람들이 받는 저작권료는 얼마인가요?

2015년 문화체육관광부에서는 '음원 전송 사용료 개선방안'을 발표했습니다. 여기에는 온라인 음원 스트리밍 서비스와 다운로드 서비스의 저작권료에 대한 내용이 담겨 있습니다. 스트리밍 서비스의 경우 음원 권리자(창작자)와 서비스 사업자(멜론, 엠넷 등)간 수익배분 비율을 6대 4로, 다운로드 서비스의 경우 7대 3으로 나누기로 정해져 있습니다.

즉, 스트리밍 방식으로 제공할 때 1회 재생 시 수익은 7원 정도 발생합니다. 이때 창작자는 곡당 4.2원을 받을 수 있습니다. 다운로드 서비스는 1곡당 700원의 수익이 발생하니 490원이 창작자에게로 돌아갑니다. 이때 창작자에는 가수, 기획사, 작곡가, 작사가, 편곡자, 연주자 등 한 곡을 만드는데 참여한 뮤지션들이 모두 포함됩니다.

Q5

작곡가, 작사가, 편곡자 중 누가 저작권료를 더 많이 받나요?

일반적으로 음원 한 곡이 팔렸을 때 전체 수익의 약 10%가 저작자(작곡가, 작사가, 편곡자)에게 돌아갑니다. 이중 작곡가와 작사가가 각각 4%씩 똑같이 가져가며, 편곡자에게는 가장 적은 2%가 지급됩니다. 따라서 작곡가, 작사가, 편곡자 중 저작권료를 가장 많이 받는 사람은 주 창작자인 작곡가와 작사가입니다.

우리나라에서 가장 저작권료를 많이 받는 사람이 궁금해요!

한국저작권협회는 2013년까지 작곡가들의 수입 집계를 발표하였지만, 여러 문제가 제기 되면서 더 이상 개인 별 실제 수입을 발표하지는 않고 있습니다. 대신 2014년부터 저작권대상 시상식을 개최하여 부문별 저작권료 1위에게 시상을 하고 있습니다. 2016년 저작권대상 시상식에서는 작곡가 김도훈, 작사가 강은경, 편곡가 테디가 대상을 시상하였습니다.
참고로, 작곡가들의 수입 집계가 발표된 2013년 저작권료 1위는 JYP엔터테인먼트의 총괄프로듀서인 박진영이었는데, 작곡 수입만 13억 1천만 원으로 발표되었습니다.

※ 참고 자료: 한국음악저작권협회

instrumental MUSIC VOLUME AUDIO music ALBUM
audio VOLUME RECORD ROCK SONG music rock live
tempo STRING SINGLE INSTRUMENTAL BASS MELODY SONG sound
concert BAND MUSIC SONG INSTRUMENTAL BAND MUSIC STAR tempo
SOUND tempo audio melody
AUDIO STAR concert BAND volume MELODY tempo audio SINGLE MELODY RHYTHM audio volume SONG
INSTRUMENTAL MUSIC VOCALS SONG record LIVE concert ALBUM SONG bass STAR album
melody music GUITAR band SOUND STRUMENTAL ELODY POP audio music
UND band melody ock tempo guitar melody star
single SOLO music AUDIO RHYTHM INSTRUMENTAL BAND melody audio VOLUME SONG pop
SONG solo RHYTHM pop concert MELODY guitar FREEDO SOUN pop BA
record bass mel SOUND VOLUME INSTRU piano AUDIO star music SINGLE
MUSIC SOUND VOLUME SONG AUDIO INSTRUMENTAL

Part 2

프로듀서 혹은 작곡가, 작사가가 되는 방법에는 정답이 없다.
어떤 이는 엘리트 코스를 밟기도 하고 어떤 이는
음원 사이트에 올린 작업물이 눈에 띄어 데뷔하기도 한다.
뮤지션을 직업으로 삼고 싶은 청소년들을 위해
기본이 될 만한 정보를 정리하였다.

예비 뮤지션을 위한
콕콕 멘토링

작곡가

작곡가가 되기 위한
대학 및 학과 정보

1. 작곡가와 관련된 대학과 학과는?

대중음악 작곡가가 되기를 희망하는 학생 중 다수가 대학의 실용음악과나 작곡과에 진학합니다. 그 외 음악학과, 국악학과, 기악과, 성악과, 예체능교육과 등의 관련학과에 진학하기도 합니다.

음악 관련학과는 실기시험이 차지하는 비중이 크기 때문에 꾸준한 연습이 필요합니다. 그래서 어릴 때 진로를 결정하여 예술 중·고등학교로 진학하는 경우도 많습니다. 각 지역마다 실용음악학원도 많아서, 초등학교에 다닐 때부터 학원에서 음악 수업을 받기도 합니다.

요즘은 컴퓨터 작곡 프로그램이 발달하여 비싼 장비나 악기가 없어도 비교적 쉽게 작곡을 시작할 수 있습니다. 또한 인터넷 동영상을 통해 독학도 가능하며, 실용음악 관련 사설학원이 많아 관련학과에 진학하지 않아도 작곡을 공부할 수 있습니다. 실제 작곡가로 활동하는 사람들 중에도 비전공자나 대학에 진학하지 않은 사람을 쉽게 찾아볼 수 있습니다.

한국직업능력개발원이 작곡가 종사자들을 대상으로 대학에서 전공한 학과를 조사한 결과, 86%가 예체능계열 학과를 전공하였고, 7%는 인문계열, 5%는 사회계열, 2%는 공학계열을 전공하였다고 합니다.

2. 실용음악학과 알아보기

1) 실용음악학과란?

대중들이 즐겨 듣는 상업적인 목적의 음악을 '대중음악', 혹은 '실용음악'이라고 합니다. 실용음악학과는 이러한 대중음악을 만드는 뮤지션을 양성하는 학과입니다. 음악의 전반적인 이론 확립은 물론 각 전공의 연주력과 창작 능력을 향상시켜, 음악지도자 및 전문 음악인으로 성장할 수 있도록 교육합니다. 또한 대중적인 감각을 키워 이를 예술적으로 풀어내는 것이 중요하기 때문에 대중음악 역사와 산업 전체를 이해하는 데 도움이 되는 교육을 진행합니다. 이를 위해 실제 대중음악계에서 일하고 있는 뮤지션들이 겸임교수로 재직하며 학생들을 직접 가르치는 경우가 많습니다.

학생을 선발할 때부터 실기 시험의 비중이 크고, 실제 학교에서도 실기 위주로 가르칩니다. 평소 음악 산업에 대한 관심을 가지고 대중음악을 직접 만들고 부르는 능력을 키워온 학생들이 진학하기에 유리합니다.

2) 실용음악학과의 주요 교과목은?

대중음악을 비롯해 영화음악, 광고음악, 방송음악, 공연음악 등 우리가 일상생활에서 쉽게 접할 수 있는 각종 실용음악에 대한 이론과 창작, 연주 기법을 공부합니다. 대학에 따라 가창, 연주, 작곡, 레코드엔지니어, 컴퓨터 음악 등 세부 전공을 나누어 본인의 기량을 발휘할 수 있도록 교육합니다. 실제 대중음악계에 진출하여 직업 음악인으로서 활동하는 데 교육의 초점을 맞추기 때문에 재학 중에 직접 공연을 기획하여 무대에 올리는데, 각 전공에 맞춘 실제 업무를 도맡아 공연합니다.

① 이론과목 : 실용음악사, 음악 편곡법, 재즈개론, 음악비지니스, 시창·청음, 화성학, 음향학, 세계음악

② 실기과목 : 녹음실습, 편곡실습, 전공실기, 전자음악, 영화음악작곡, 보컬테크닉, 밴드앙상블

3) 실용음악 관련 대학은?
① 개설 대학교

전공 명	대학교 명
포스트모던음악학과	경희대학교
공연음악전공	대구예술대학교
교회실용음악전공	대구예술대학교
교회음악과	고신대학교, 대신대학교, 서울신학대학교, 서울장신대학교, 연세대학교, 총신대학교, 칼빈대학교
교회음악과(신학계열)	침례신학대학교
교회음악학과	장로회신학대학교

전공 명	대학교 명
기독교실용음악전공	백석대학교, 한일장신대학교
디지털음악학과	호서대학교
뮤지컬음악학과	중부대학교
뮤지컬과	동서대학교
뮤지컬전공	서경대학교
뮤지컬학과	세한대학교, 예원예술대학교
뮤직프로덕션과	계명대학교
생활음악과	단국대학교
성악 · 뮤지컬학부−뮤지컬전공	목원대학교
실용음악공연학과	경주대학교
실용음악과	동덕여자대학교, 배재대학교, 서울신학대학교, 칼빈대학교, 한서대학교
실용음악보컬전공	광주대학교
실용음악전공	나사렛대학교, 대구예술대학교
실용음악학과	광신대학교, 동신대학교, 동아대학교, 예원예술대학교, 중부대학교, 초당대학교, 평택대학교, 한양대학교, 호서대학교
연기뮤지컬학과	영산대학교
음악과	한영신학대학교
음악목회학전공	나사렛대학교
음악학부(기독교실용음악전공)	그리스도대학교
음악학부(뉴미디어음악전공)	그리스도대학교
재즈전공	서경대학교
전자디지털음악학과	경기대학교
현대실용음악학과	성신여자대학교

② 개설 전문대학교

전공 명	대학교 명
대중음악과	수원여자대학교
모던음악과	한국복지대학교
뮤지컬과	경복대학교, 김천과학대학교, 백제예술대학교, 용인송담대학교
뮤지컬전공	계명문화대학교
미디어음악과	백제예술대학교
생활음악과	신안산대학교
생활음악전공	계명문화대학교
실용음악 · 클래식과	동부산대학교
실용음악공연과	충북보건과학대학교, 충청대학교
실용음악과	강동대학교, 강원관광대학교, 경민대학교, 경복대학교, 경북과학대학교, 경인여자대학교, 동서울대학교, 동주대학교, 두원공과대학교, 명지전문대학, 목포과학대학교, 백제예술대학교, 부산예술대학교, 서울예술대학교, 여주대학교, 우송정보대학, 유한대학교, 장안대학교, 전남과학대학교, 전북과학대학교, 한국영상대학교, 한양여자대학교,
실용음악전공	동아인재대학교, 수원과학대학교
실용음악학부	백석문화대학교
영상음악학과	동아방송예술대학교
음악공연예술과	여주대학교
일렉트로닉뮤직프로덕션과	동아방송예술대학교

3. 작곡과 알아보기

1) 작곡과란?

음악 창작의 기본이 되는 각종 이론적 지식과 함께 실제 작품 창작을 위한 실기를 집중적으로 공부하는 학과입니다. 다른 음악 전공에 비해 이론의 비중이 상대적으로 높은 편이며, 기존 작품 분석과 악기 연주 실습을 통해 창의적인 작곡가가 되기 위한 기본기를 다지는 데 주력합니다. 가곡, 합창곡, 기악곡, 피아노곡 등의 순수 클래식음악 뿐만 아니라 영화음악, 광고음악 등의 실용음악까지 포함하며, 서양음악, 현대음악, 전자 음악 등 다양한 음악에 대한 이해를 바탕으로 개성을 살린 작품 창작을 할 수 있도록 교육합니다.

2) 작곡과의 주요 교과목은?

① 이론과목: 음악학개론, 화성법, 대위법, 시창·청음, 음악사, 서양음악, 현대음악, 전자음악, 편곡법

② 실기과목: 작곡실기, 악기연주, 음악소프트웨어연구

3) 작곡 관련 대학은?

① 개설 대학교

전공 명	대학교 명
뉴미디어작곡과	상명대학교
성악·작곡과	협성대학교

전공 명	대학교 명
음악학부(응용작곡전공)	그리스도대학교
음악학부(작곡전공)	가천대학교, 명지대학교
작곡 · 재즈학부	목원대학교
작곡과	경희대학교, 계명대학교, 단국대학교, 대구가톨릭대학교, 서울대학교, 성신여자대학교, 수원대학교, 숙명여자대학교, 연세대학교, 추계예술대학교, 한양대학교
작곡전공	국민대학교, 대진대학교, 부산대학교, 영남대학교, 이화여자대학교, 중앙대학교
한국음악학과	전북대학교

② 개설 전문대학교

전공 명	대학교 명
작곡과	동아방송예술대학교

작곡가에 적합한
성격과 가치관

1. 작곡가에 적합한 성격

한국직업정보시스템(WORKNET)은 작곡가가 되기에 적합한 성격을 중요도(최대 100)에 따라 '리더십'과 '독립성'(93), '혁신'(77), '스트레스 감내성'(69), '성취와 노력'(67) 순으로 나열하였습니다.

가장 높은 중요도를 보인 '리더십'은 타인을 이끌고 다른 사람들에게 의견을 제시하거나 방향을 설정해 주는 것을 말합니다. '리더십'과 더불어 꼭 필요한 '독립성'은 자신의 방식대로 일을 하는 방법을 개발하며 관리 감독이 없이도 스스로 일하는 방향을 설정하고 타인에게 의지하지 않는 것입니다. 그 다음으로 중요한 '혁신'은 새로운 아이디어를 산출하거나 어떤 문제를 해결하기 위해 기발한 대안을 생각해내는 창의성을 의미합니다. '스트레스 감내성'은 비판을 받아들이고 고도의 스트레스 상황에서도 효과적으로 대처할 수 있는 능력을 뜻하며, 그 다음으로 필요한 '성취와 노력'은 도전적인 목표를 설정한 후에 이를 이루어내려는 태도를 말합니다.

독립성이나 혁신은 작곡가에 적합한 성격으로 예측하기 쉬운데, 리더십이 가장 필요하다니 의외라는 생각이 들 것입니다. 대중음악 작곡가는 자신의 의견을 주장하는 것과 동시에 다른 사람의 의견도 이해해야 비로소 최고의 작품을 만들 수 있습니다. 그리고 이를 완벽하게 해내는 사람만이 작곡가로 성장할 수 있습니다.

2. 홀랜드의 직업 흥미 이론으로 본 작곡가

홀랜드(John L. Holland)는 직업 이론의 창시자로 존스 홉킨스 대학교에 재직했던 미국의 심리학자입니다. 그는 '흥미가 진로 결정에 큰 영향을 미친다.'는 전제하에 직업의 적성을 여섯 가지 유형으로 분류했습니다. 곧 '실제형(현실형)', '탐구형', '예술형', '사회형', '진취형(기업형)', '사무형(관습형)'입니다.

실제형(R)은 솔직하고 성실하고 검소하며 몸을 움직여 활동하는 성격을 지니고 있습니다. 소박하고 말이 적으며 기계를 다루는 데 적합합니다. 대표 직업은 기술자, 운동선수, 농부, 요리사, 군인입니다.

탐구형(I)은 탐구심이 많고 논리적·분석적·합리적 성격을 지니고 있습니다. 지적 호기심이 많아 수학과 과학 분야에 적성을 보입니다. 대표 직업은 과학자, 의사(외과), 심리학자, 수학자, 교수입니다.

예술형(A)은 상상력과 감수성이 풍부하며, 자유분방하고 개방적인 성격을 지니고 있습니다. 예술에 소질이 있고, 창의적인 것을 창출해내는 재능이 있습니다. 대표 직업은 음악가, 작가, 건축가, 방송연출가, 만화가입니다.

사회형(S)은 다른 사람에게 친절하고 이해심이 많으며, 남을 도와주려는 경향이 높고, 봉사하고자 하는 마음이 큽니다. 대인관계를 이끌어갈 능력이 뛰어나고 사람들을 좋아하는 성향을 지니고 있습니다. 대표 직업은 교육자, 사회복지사, 경찰, 간호사입니다.

진취형(E)은 지도력과 설득력을 가지고 있고, 열성적이고 경쟁적이며 이성적 성향이 강합니다. 외향성과 통솔력을 지니고 있으며 언어와 관련된 적성이 높습니다. 정치인, 변호사, 영업사원, 외교관, 사업가입니다.

사무형(C)은 책임감이 강하고 빈틈이 없으며, 행동을 할 때 조심스러운 면을 보입니다. 계획에 따라 행동하기를 좋아하고 변화를 반기지 않습니다. 사무 능력과 계산 능력이 좋습니다. 대표 직업은 행정공무원, 공인회계사, 비서, 은행원, 컴퓨터 보안 전문가, 프로그래머입니다.

작곡가는 이 중 '예술형'에 속합니다. 볼 수도, 만질 수도 없는 음악을 풍부한 예술적 감수성과 창의력으로 만드는 직업이기 때문에 '예술형'의 흥미를 가진 사람에게 적합한 직업입니다.

3. 작곡가의 직업 가치관

작곡가의 직업 가치관을 중요도 순으로 배열하면 다음의 표와 같습니다.

중요도	직업 가치관	설명
99	자율	자율적으로 업무를 해나갈 수 있다.
97	개인지향	여러 사람과 어울려 일하기보다는 혼자 일할 수 있다.
93	지적 추구	새로운 지식을 얻을 수 있다.
91	다양성	업무가 정형화되지 않고 변화가 많다.
88	성취	자신이 스스로 목표를 세우고 달성할 수 있다.
82	신체활동	업무 시 신체활동을 많이 하지 않아도 된다.
79	타인에 대한 영향	타인에 대해 영향력을 발휘할 수 있다.
75	이타	남을 위해 봉사할 수 있다.
66	애국	국가를 위해 도움이 될 수 있다.
61	심신의 안녕	심신의 여유를 가질 수 있다.
58	인정	타인에게 인정받을 수 있다.
3	고용안정	고용이 안정되어 있어서 정년까지 일할 수 있다.
3	경제적 보상	금전적 보상이 충분하다.

※ 중요도(최대 100)순. 한국직업정보시스템(WORKNET) 자료 참조

작곡가의 직업 가치관 중 중요도 1순위는 '자율'입니다. 무형의 창작물을 만들어내는 작곡가에게 소속과 규칙은 때로 방해가 될 수 있습니다. 또한 앞서 인터뷰에서도 알 수 있었듯이 대중음악은 유행이 빨리 바뀌므로 새로운 음악을 찾아내고 개발하려는 '지적 추구'가 필요합니다. 음악을 통해 대중에게 기쁨을 줄 수 있는 것도 이 직업의 매력입니다. 반면, 작품의 성공 여부에 따라 고용이 불안정하고 수입이 일정하지 않다는 것은 큰 단점입니다. 따라서 고품질의 결과물을 만들기 위해 자기계발을 게을리하지 말아야 합니다.

작곡가가 갖춰야 할
능력은?

1. 작곡가에게 가장 필요한 능력은?

작곡가에게 필요한 능력 중 으뜸은 바로 창의력과 청력입니다. 소설가나 화가와 마찬가지로 작곡가에게 창의력은 필수입니다. 작곡가는 세상의 모든 음악에 귀 기울인 후, 지금껏 나오지 않은 새로운 음악을 창조하여 다른 사람의 공감을 불러일으켜야 하기 때문입니다.

그 다음으로 필요한 것이 바로 선택적 집중력입니다. 작곡가는 비교적 자유로운 분위기에서 일하는 만큼, 항상 주의를 산만하게 하는 자극에 노출되어 있습니다. 그럼에도 불구하고 자신의 작품에 집중해야만 좋은 작품을 만들 수 있습니다.

새로운 악기를 배우고, 새로운 소리를 발굴해내려는 학습 능력과 노력도 꼭 필요합니다. 자기가 원하는 소리를 만들기 위해 세심하게 듣고 조정하는 정교한 작업도 잘 해내야 합니다.

또한 좋은 악상이 떠오르지 않더라고 약속된 기한에 작품을 완성해내는 책임감과 시간 관리 능력이 필요합니다.

2. 작곡가에게 필요한 지식의 유형은?

작곡가가 갖춰야 할 지식을 중요도 순으로 나열해 보면 다음과 같습니다.

예술 – 사회와 인류 – 영어 – 심리 – 통신 – 국어 – 지리 – 생물 – 영업과 마케팅 – 수학

작곡가가 되려면 문화 예술에 대한 감각과 창의력이 필요합니다. 영감을 얻는 데에 음악, 미술, 문학 등이 큰 도움이 됩니다. 게다가 대중의 마음을 움직여야 하므로 인류 및 문화에 관한 지식, 사회적 영향을 아는 것도 중요합니다. 여기에 사람들의 행동, 성격, 흥미 등 심리까지 파악한다면 더할 나위 없을 것입니다.

요즘은 외국 작곡가들도 한국에서 활동하고, 한국 작곡가들도 외국에서 활동하는 일이 많습니다. 국제적인 음악 경향을 파악하려면 해외자료 검색능력이 필요합니다. 그래서 영어 및 외국어 능력을 키우는 것 또한 중요합니다.

작사가 chapter
2

작사가가 되기 위한
대학 및 학과 정보

1. 작사가와 관련된 대학과 학과는?

작사가는 멜로디를 듣고 가사를 붙이는 일을 하는 사람입니다. 글을 쓰는 감각이 필요하므로 문예창작과나 국어국문학과 등 어문계열 학과를 전공한다면 도움이 될 것입니다. 하지만 작사는 멜로디에 말을 붙이는 일이기 때문에 글쓰기 실력과 동시에 음악에 대한 이해가 필요합니다. 최근에는 사설학원을 통하여 작사 과정을 공부할 수도 있습니다.

2. 문예창작과 알아보기

1) 문예창작과란?

문예창작과는 각종 예술과 문학 이론을 바탕으로 창작 기법을 학습하고 습작을 실천하는 학과입니다. 문예창작과의 교육 목적은 문학에 대한 이해와 실기 능력을 바탕으로 다양한 문예 활동을 전개하는 데 있습니다. 이를 위해 시, 소설, 비평, 희곡, 수필, 아동문학 등 전통 문학뿐만 아니라 영화, 방송 문학, 광고 언어 등의 이론과 실기를 병행합니다. 한국 문학과 세계 문학을 비롯하여 시인론, 작가론 등 모든 문학 이론 교육은 물론 신문, 잡지, 출판관련 기사 작성과 편집, 디자인 실기 등을 공부합니다.

2) 문예창작과의 주요 교과목은?

문예창작과에서는 창작 교육을 토대로 작품의 실제적인 관찰과 분석이 가능하도록 안목과 자질을 기르며 문학의 창조력을 학습합니다. 특히 글 쓰는 창작 과정을 보다 심도 깊게 공부하여 장차 문학가가 되는 능력을 기르게 됩니다.

① 이론과목: 문예창작입문, 현대문학론, 세계문학론, 시론, 소설론, 희곡론, 아동문학론, 비평론, 대중문화론, 사이버문학론, 문학사, 광고카피, 전자출판 등

② 실기과목: 시 창작, 소설 창작, 희곡 창작, 시나리오 창작 등

3) 문예창작과가 개설된 대학은?
① 개설 대학교

전공 명	대학교 명
동화미디어콘텐츠학과	건국대학교
문예창작과	광주대학교, 단국대학교, 동덕여자대학교, 추계예술대학교
문예창작전공	동국대학교, 동덕여자대학교, 중앙대학교

전공 명	대학교 명
문예창작학과	경기대학교, 계명대학교, 대전대학교, 대진대학교, 동아대학교, 동의대학교, 명지대학교, 서울과학기술대학교, 순천대학교, 숭실대학교, 우석대학교, 원광대학교, 조선대학교, 중앙대학교, 한남대학교, 한신대학교, 협성대학교
미디어문예창작과	고려대학교
미디어문예창작학과	한경대학교, 한서대학교
미디어콘텐츠학과	순천향대학교, 한라대학교
스토리텔링학과	강원대학교

② 개설 전문대학교

전공 명	대학교 명
극작과	서울예술대학교
디지털문예창작과	장안대학교
문예창작과	명지전문대학, 서울예술대학교, 서일대학교, 한양여자대학교
미디어문예창작과	숭의여자대학교
방송극작과	동아방송예술대학교
방송시나리오극작과	백제예술대학교
방송작가전공	두원공과대학교
영상문예과	국제대학교

3. 국어국문학과 알아보기

1) 국어국문학과란?

국어국문학은 문법 및 문학 연구를 바탕으로 한국의 언어, 문학, 규범에 대해 연구하는 분야입니다. 국어국문학에서는 우리말과 글의 문법, 외국어와 다른 구조 및 변천사 등에 대해 공부합니다. 또한 고전문학에서부터 현대문학까지 시, 소설, 수필, 희곡, 평론 등 다양한 문학작품 및 작가에 대해 연구하며, 글 쓰는 연습을 통해 문장력, 표현력, 언어력 등을 익힙니다.

2) 국어국문학과의 주요 교과목은?

국어국문학과에서는 음운론, 문법론, 어휘론 등의 '국어학'과 고전문학 및 현대문학을 공부하는 '국문학' 분야를 공부합니다. 국어국문학과에서는 언어와 문학 작품에 대한 포괄적인 이론적 지식을 쌓고 우리말과 글이 어떠한 문법적 구조를 가지고 어떻게 변해 왔는지, 사회 변화에 따라 말과 글이 어떤 영향을 받았는지에 대해서도 공부합니다. 또한 문학 작품 분석을 통해 우리 문학의 본질과 우리 국민들의 정서를 파악합니다.

① **국어학 과목**: 국어학개론, 국어사, 국어방언학, 국어의미론, 국어문법론, 국어음운론, 국어학 연구 등

② **국문학 과목**: 국문학개론, 한국현대문학사, 한국현대작가론, 한국고전문학사, 고전작품강독, 문학작품과 한국사

3) 국어국문학과가 개설된 대학은?

개설 대학교

전공 명	대학교 명
국어국문학과	강남대학교, 강릉원주대학교, 강원대학교, 건국대학교, 경기대학교, 경남대학교, 경북대학교, 경상대학교, 경성대학교, 경희대학교, 고려대학교, 광운대학교, 국민대학교, 군산대학교, 단국대학교, 대구대학교, 대진대학교, 덕성여자대학교, 동국대학교, 동덕여자대학교, 동아대학교, 동의대학교, 명지대학교, 목원대학교, 목포대학교, 배재대학교, 부경대학교, 부산대학교, 상지대학교, 서경대학교, 서남대학교, 서울대학교, 서울시립대학교, 서울여자대학교, 선문대학교, 성결대학교, 성균관대학교, 성신여자대학교, 세종대학교, 수원대학교, 순천향대학교, 숭실대학교, 신라대학교, 아주대학교, 안동대학교, 안양대학교, 영남대학교, 원광대학교, 인천대학교, 전남대학교, 전북대학교, 제주대학교, 조선대학교, 중앙대학교, 창원대학교, 청주대학교, 충남대학교, 충북대학교, 평택대학교, 한남대학교, 한림대학교, 한신대학교, 한양대학교, 홍익대학교
국어국문학부	울산대학교
국어국문학전공	가톨릭대학교, 대구가톨릭대학교, 대구한의대학교, 대전대학교, 동국대학교, 동덕여자대학교, 서강대학교, 연세대학교, 이화여자대학교, 전주대학교, 청주대학교
국제한국어교원학과	광신대학교, 한국국제대학교
다문화한국어학과	한중대학교
외국어로서의 한국어학과	배재대학교
한국어교원학과	동신대학교
한국어교육과	대구가톨릭대학교
한국어문학과	가천대학교, 계명대학교, 단국대학교, 상명대학교, 서원대학교, 세명대학교, 전주대학교, 한국교통대학교
한국어문학부	숙명여자대학교, 한성대학교

전공 명	대학교 명
한국어문학전공	인하대학교
한국어학과	경희대학교, 중부대학교
한국어학전공	대구한의대학교, 호남대학교
한국언어문학과	한양대학교
한국언어문화전공	호서대학교
한국언어문화학과	선문대학교

작사가에 적합한
성격과 가치관

1. 작사가에 적합한 성격

한국직업정보시스템(WORKNET)은 작사가가 되기에 적합한 성격을 중요도(최대 100)에 따라 '리더십'(97), '독립성'(96), '혁신'(95), '사회성'(91), '인내'(91) 순으로 나열하였습니다.

가장 중요도가 높은 '리더십'은 타인을 이끌고 다른 사람들에게 의견을 제시하거나 방향을 설정해 주는 것을 말합니다. '독립성'은 자신의 방식대로 일을 하는 방법을 개발하며 관리 감독이 없어도 스스로 일하는 방향을 설정하고 타인에게 의지하지 않는 것입니다. 그 다음으로 중요한 '혁신'은 새로운 아이디어를 산출하거나 어떤 문제를 해결하기 위해 기발한 대안을 생각해내는 창의성을 의미합니다. '사회성'은 사람들과 함께 일하는 것을 좋아하며 타인들과 개인적인 유대관계를 형성하는 것을 뜻하고, 그 다음으로 장애가 있어도 포기하지 않고 참고 견디는 '인내'가 필요합니다.

작사가 역시 작곡가와 마찬가지로 리더십과 독립성이 가장 중요하다는 결과가 나왔습니다. 글을 쓰기 때문에 감수성이 가장 중요하다고 생각하기 쉽지만, 항상 자신이 쓴 가사를 작곡가와 프로듀서, 가수에게 납득시켜야 하므로 리더십 또한 중요합니다. 누구나 공감할 수 있는 가사를 쓰는 직업이기에 사회성이 높다면 큰 장점이 될 것입니다.

2. 홀랜드의 직업 흥미 이론으로 본 작사가

작사가는 음악가이면서도 작가라고 할 수 있습니다. 앞서 살펴본 홀랜드의 직업 흥미 이론에 따르면 음악가와 작가는 '예술형(A)'에 속합니다. 작사가 역시 '예술형'이라 할 수 있습니다. 작곡가, 작사가, 프로듀서 등 대중음악에 종사하는 대부분의 직업들은 '예술형'에 속합니다.

작곡가와 작사가에게 중요한 것은 무엇보다 예술적 창의성입니다. 하지만 프리랜서로 일을 하기 때문에 스스로 약속을 지키고 관리하는 능력, 함께 작업하는 사람들을 설득하는 능력도 매우 중요합니다. '예술형'의 흥미를 가진 사람이 이런 부분까지 잘하도록 신경을 쓴다면 인정받는 직업적 성공을 이루는 데 큰 도움이 될 것입니다.

3. 작사가의 직업 가치관

작사가의 직업 가치관을 중요도 순으로 배열하면 다음의 표와 같습니다.

중요도	성격	설명
100	개인지향	여러 사람과 어울려 일하기보다는 혼자 일할 수 있다.
99	심신의 안녕	심신의 여유를 가질 수 있다.
96	자율	자율적으로 업무를 해나갈 수 있다.
95	지적 추구	새로운 지식을 얻을 수 있다.
84	타인에 대한 영향	타인에 대해 영향력을 발휘할 수 있다.
79	애국	국가를 위해 도움이 될 수 있다.
77	신체활동	업무시 신체활동을 많이 하지 않아도 된다.
72	성취	자신이 스스로 목표를 세우고 달성할 수 있다.
69	인정	타인에게 인정받을 수 있다.
62	이타	남을 위해 봉사할 수 있다.
30	고용안정	고용이 안정되어 있어서 정년까지 일할 수 있다.
28	다양성	업무가 정형화되지 않고 변화가 많다.
2	경제적 보상	금전적 보상이 충분하다.

※ 중요도(최대 100) 순, 한국직업정보시스템(WORKNET) 자료 참조

작사가의 직업 가치관 중 중요도 1순위는 개인지향입니다. 글을 쓰는 일은 언제나 혼자만의 시간과 고도의 집중력을 필요로 하므로, 혼자서 작업할 수 있다는 것이 장점이 될 수 있습니다. 현직 종사자 중 프리랜서의 비

율이 많고 재택근무가 가능하므로 자신의 컨디션에 따라 자율적으로 일을 할 수 있는 것도 매력입니다. 게다가 자신의 메시지를 노래로 대중들에게 전달하다보니 타인에게 끼치는 영향력도 상당한 편입니다. 반면, 작곡가와 마찬가지로 수입이 일정하지 않다는 것이 단점으로 작용합니다. 그러나 감각만 있다면 정년 없이 오래도록 일할 수 있는 직업입니다.

4. 작사가에게 가장 필요한 능력은?

작사가에게 가장 필요한 것은 창의력과 글쓰기 능력입니다. 작사가는 같은 상황을 독특한 시선으로 보아야 하는 직업이므로 남다른 상상력을 요하며, 이것을 가장 효과적인 문장으로 표현해야 합니다.

다음으로 중요한 것이 시력과 청력입니다. 작사가는 활자와 대면하는 직업이므로 눈을 항상 사용해야 합니다. 또, 멜로디에 말을 붙여야 하므로 음의 높낮이와 차이를 구분하는 능력을 갖추어야 합니다.

아울러 가사 쓰기는 이야기가 기본이 되므로 문제 상황을 이해하고 해결하는 추리력도 필요합니다.

5. 작사가에게 필요한 지식의 유형은?

글을 쓰는 직종은 다음의 지식을 중요도 관계없이 다방면으로 공부하는 것이 좋습니다.

  경영 및 행정 – 영업과 마케팅 – 생물 – 지리 – 경제와 회계 – 물리 –
운송 – 역사 – 사회와 인류 – 철학과 신학

  작가, 기자, 작사가 등 글을 쓰는 직업인이야말로 세상 돌아가는 것을 잘
알아야 합니다. 사람이 살아가는 이야기를 여러 유형의 글로 표현해야 하
기 때문입니다. 언뜻 보기에는 작사가와 관계없는 지식처럼 보이지만, 작사
가는 다른 사람들이 공감할 수 있는 글을 써야 하므로 다방면의 지식과
사회적 현상에 대해 폭넓은 지식을 쌓는 것이 중요합니다.

함께 알면 좋은 정보

chapter 3

작곡가, 작사가, 프로듀서의
직업 전망은 어떨까?

2000년대 이후 음악산업이 침체기라는 평이 많았습니다. 한국콘텐츠진흥원이 매해 발표하는 음악백서에 따르면, 실제로 전체 음악산업의 규모가 2002년 4,206억 원을 기록한 이후 하락세를 걸으며 2003년부터 2005년까지 4,000억 원을 넘기지 못하였습니다. 특히, 인기가수의 앨범이 100만 장 이상 팔리던 시대를 지나, 최고 인기 아이돌도 20만 장을 팔지 못하면서 우려의 목소리가 커졌습니다. 하지만 이것은 음악산업이 음반산업 위주에서 디지털 음원산업으로 재편되는 과정에서 겪은 과도기 증상이었습니다. 2007년 음악산업은 연 시장 규모 5,000억 원을 넘어서며 회복세에 들어갔습니다. 2010년 이후에도 5,000억 원 이상의 시장을 유지하고 있습니다.

음반산업은 주춤하지만, K-POP의 해외진출로 음악산업은 활력을 얻었습니다. 해외에서 공연을 열거나 음원을 판매하여 큰 수익을 거두는 가수들이 늘었습니다. 또한 국내 프로듀서들이 해외에 진출하여, 현지에서 직접 가수를 발굴하여 데뷔시키고 큰 성공을 거두기도 합니다. 1990년대 알앤비 그룹 솔리드의 멤버로 활동했던 정재윤 씨는 대만에서 자리 잡아 대만 최고의 프로듀서로 이름을 드높이고 있습니다. 그밖에도 우리나라에서 활동하는 많은 작곡가와 작사가들이 아시아를 넘어, 유럽과 미국에까지 진출하여 성과를 거두고 있습니다. 해외 작곡가들이 우리나라의 송 라이팅 캠프에 참여하듯, 우리나라 작곡가들도 해외 기획사에서 진행하는 송 라이팅 캠프에 참여하며 현지에서 음원이 발표되기도 합니다.

아이돌 가수들의 활약이 두드러지면서 신인 아이돌 가수들이 쏟아지고 있는 것도 작곡가들에게는 호재라고 할 수 있습니다. 최신 유행을 선도하는 대중가요들이 매일 수십 곡씩 발표되고 있는 상황이니만큼, 새로운 감각을 지닌 젊은 작곡가를 찾는 수요도 많아졌습니다. 작사가도 마찬가지입니다.

가수들이 발표하는 대중음악뿐만 아니라, 영화와 뮤지컬, 광고와 드라마에서 음악 비중이 커지고 있고, 전자제품 사운드 디자이너나 게임 음악 등 다양한 영역에서 새로운 음악을 원하고 있는 점도 직업 전망을 밝게 합니다. 각계에서 음악을 만드는 사람을 필요하게 되면서 직업의 다양성도 확대되었습니다.

기술의 발전은 작곡 프로그램의 발달을 가져왔습니다. 컴퓨터에 능숙한 어린 학생들이 일찌감치 미디 작곡 프로그램으로 음악을 만들면서, 작곡가들의 데뷔 나이도 빨라지고 있습니다. 또한 음악산업이 발전하고 규모가 커지면서 소속 가수들에게 더욱 알맞은 곡을 더욱 효율적으로 생산해내기 위해 연예기획사에서 작곡가와 작사가를 직접 고용하여 양질의 작업 환경을 제공하고 안정적으로 작업할 수 있도록 지원하는 경우도 늘어났습니다. YG, JYP, SM 등 우리나라 대표 연예기획사를 비롯하여 중소형 기획사에서도 작곡가나 작사가를 회사 전속으로 채용하여 안정적인 작업환경을 제공하는 경우가 많습니다.

그럼에도 불구하고, 작곡가와 작사가 모두 대다수의 예술 관련 직업에 종사하는 사람들이 겪는 불안정한 환경, 선택받지 못할 수도 있다는 두려움, 치열한 경쟁과 좋은 작품을 만들어야 한다는 불안을 겪어야 하는 것은 부정할 수 없습니다. 하지만 음악산업을 둘러싼 환경이 긍정적으로 변화하고 있는 면도 많은 만큼, 예술성과 창의성, 대중성에서 끊임없이 노력하고 포기하지 않는 자세로 매진한다면, 분명히 사랑받는 뮤지션이 될 수 있을 것입니다.

작곡가, 작사가, 프로듀서와 관련된 직업

1. 음악평론가

음악을 알리고 비평하는 일을 합니다. 잡지 기고나 인터뷰를 통해 대중에게 음악에 대해 해설합니다. 공연의 기획, 해설과 더불어 사후 평가를 하기도 합니다.

음악을 좋아하는 것은 물론이거니와, 정확한 정보 전달을 위해 국내외의 많은 자료를 찾아야 합니다. 주 업무는 평론을 쓰는 것이므로 평소 글쓰기 공부를 해두어야 합니다.

2. 뮤지컬 음악감독

음악을 무대화하는 사람입니다. 잘 짜인 작곡과 편곡을 바탕으로 이 음악을 뮤지컬 배우가 어떻게 표현해야 하느냐를 판단하는 역할을 합니다.

뮤지컬은 음악, 춤, 연기가 하나로 어우러져야 하므로 뮤지컬 음악감독은 무대와 음악에 대한 이해력을 모두 갖추어야 합니다.

뮤지컬 음악감독은 뮤지컬에 사용하는 모든 음악을 총괄 지휘하고 지휘자석에서 악단을 지휘하기도 합니다. 또한 보컬 트레이닝, 편곡, 오케스트라 연습에도 관여해야 하므로 리더십과 강한 체력이 필수입니다.

음악에 대한 지식이 풍부하고 기본기가 확실해야 함은 물론, 다른 사람과 교류하며 합주하는 과정이 뒷받침되어야 하므로, 음악 관련 대학에 진학하는 것이 도움이 됩니다.

3. 영화 음악감독

영화음악의 총책임자입니다. 영화 시나리오나 촬영본을 바탕으로 콘셉트 결정, 작곡, 편곡, 선곡, 연주자 섭외, 녹음 진행 등을 합니다. 영화 관계자들에게 악보가 아닌 음악을 들려줘야 하므로, 작곡은 못해도 미디는 필수로 다룰 수 있어야 합니다.

영화를 분석하는 능력과 영화가 전달하고자 하는 바를 음악을 통해 표현하는 능력이 필요하고, 작곡을 할 수 있다면 더 유리합니다.

4. 광고 음악감독

광고 음악감독은 광고에 삽입될 음악을 고르거나 작곡을 하는 사람입니다. 15초~30초 내외의 광고에서 영상의 콘셉트와 가장 어울리고 사람들의 뇌리에 오래 남을만한 곡을 만들거나 선택해야 하기에 남다른 감각이 요구됩니다. 또한 광고의 콘셉트가 다양하기 때문에 매 작업마다 새로운 장르의 음악을 만들고, 선택할 수 있어야 합니다. 그래서 음악을 전공하는 것보다는 다양한 장르의 음악을 두루 섭렵하고, 문화 예술 전반에 관심을 갖는 것이 더 중요합니다.

광고 음악은 작업 일정이 불규칙하고, 작업 기간도 매우 짧게 주어집니다. 빠른 작업 속도와 광고주의 요구에 맞는 발빠른 대응 능력, 밤샘과 야근에도 지치지 않는 체력이 중요합니다.

5. 음악치료사

음악을 통해서 몸이나 마음이 아픈 사람이 낫도록 도와주는 일을 합니다. 음악치료는 일단 환자에게 음악적인 활동을 하게 한 후 진단하는 것에서부터 시작합니다. 진단하고 나서 치료 목적과 목표를 세우고, 그게 맞는 음악 활동 프로그램을 만들어 치료를 진행합니다.

음악치료는 다양한 심리학적 접근을 바탕으로 시행되기 때문에 심리학적 지식과 음악적 지식이 중요합니다. 또한 환자들을 상대하는 일이므로 타인을 이해하는 따뜻한 마음이 있어야 합니다.

정해진 학력은 없지만, 학사 및 석사학위과정으로 음악치료전공이 있으며 사설음악치료학원이나 대학의 사회교육원, 평생교육원에서도 음악치료 분야를 배울 수 있습니다.

6. 라디오 프로듀서(음악 프로그램)

라디오 프로그램을 기획·제작하고 감독하는 사람입니다. 라디오에서는 음악이 큰 비중을 차지하는데, 그 중에서도 음악 프로그램의 경우 선곡이 매우 중요합니다. 음악적인 전문성을 바탕으로 방송 시간대와 날씨, 청취자의 성향을 고려하여 선곡해야 합니다.

라디오 프로듀서가 되려면 방송국의 공개 채용을 통해 입사한 뒤, 음악 프로그램 근무를 지원하면 됩니다. 필요시 음악 전문 프로듀서를 별도로 채용하기도 하는데, 이때는 음악 이론 등을 직접 테스트하여 선발하는 경우가 많습니다.

7. 공연기획자

공연기획자는 공연 내용을 기획하고 공연 시기와 장소를 결정하며 예산을 세우는 등 공연이 완성되기까지의 전 과정을 책임집니다. 대중의 요구를 철저히 분석하여 공연 방향을 정하고 아티스트와 스태프를 구성하고 섭외하여 기획을 현실로 만드는 일을 하는 직업입니다.

공연 기획을 하려면 무대장치, 음악, 조명 등 공연 전반에 대한 지식을 고루 갖추어야 합니다. 또한 독창성과 판단력, 강력한 통솔력이 필요합니다.

공연기획사에서는 보통 인력이 필요할 때 수시로 모집하며, 경력자를 선호하는 편이므로 이벤트사 근무 경력, 공연장에서의 아르바이트 경험을 쌓는 것이 좋습니다.

8. 레코딩 엔지니어

레코딩 엔지니어는 음반에 들어갈 연주와 노래를 녹음하고 음을 조절하여 하나의 완성된 음악으로 만드는 사람을 말합니다. 먼저 하나의 음악에 들어가는 여러 악기의 연주와 노래 등의 소리를 녹음하고 각각 녹음된 사

운드를 하나의 조화롭고, 균형 잡힌 음악으로 만들어냅니다. 전체적인 소리의 조화를 완벽하게 만들어내야 하므로, 좋은 소리를 만들기 위한 집중력과 음악에 대한 열정이 필요합니다.

대학의 음향제작과, 음향공학과, 실용음악과, 방송아카데미, 사설학원 등에서 레코딩 엔지니어로서의 역량을 갖춘 뒤 사회로 진출하는 경우가 많으며, 해외 유학을 다녀온 사람도 많습니다. 하지만 무엇보다 녹음실에 취업하여 실제 업무를 배우는 것이 가장 빠르고 확실한 방법입니다.

9. 사운드 디자이너

사운드 디자이너는 우리가 매일 접하는 전자제품부터 자동차 같은 운송수단, 광고 등 매체에 삽입되는 각종 물건의 소리를 만들어내는 사람입니다. 텔레비전 작동음이나 스마트폰 벨소리, 자동차 엔진음, 광고에서 쓰이는 자연의 소리 등을 생각하면 이해하기 쉽습니다. 이런 소리들은 제품에 대한 이미지를 결정하는 중요한 요소이기 때문에, 최근 여러 회사에서 사운드 디자이너를 채용하고 있습니다.

음향에 대한 지식이 많은 음악 전공자나 공학을 전공한 엔지니어가 사운드 디자이너로 활동하기에 유리합니다.

10. 뮤직비디오 감독

대중음악에서 뮤직비디오는 아티스트의 이미지를 좌우하는 힘을 가지고 있다고 해도 과언이 아닙니다. 이번에 활동할 노래의 콘셉트나 가수의 정체성을 그대로 드러내는 것이 바로 뮤직비디오이기 때문입니다. 뮤직비디오 감독은 그러한 뮤직비디오의 제작을 총괄하는 사람입니다.

뮤직비디오를 만들려면 음악과 영상에 대한 이해와 감각을 모두 갖춰야 하며, 음악뿐만 아니라 미술, 영화, 사진을 두루 섭렵하는 것이 유리합니다. 현장 경험이 중요하므로 뮤직비디오 촬영 현장 등에서 실무적인 경험을 많이 해 보는 것이 좋습니다.

11. 세션맨

세션맨은 가수들이 음반을 녹음하거나 무대에서 공연을 할 때 기타, 베이스, 건반, 드럼 등의 악기를 전문적으로 연주하는 사람입니다. 세션맨이 되려면 연주하고자 하는 분야의 악기를 잘 다루는 것이 가장 중요하지만, 악보를 이해하는 능력과 편곡 능력도 필요합니다.

세션맨은 음반 녹음에 앞서 미리 악보를 받아 작곡가나 편곡가의 요구 사항을 전달받고, 곡의 분위기와 연주 시 신경 써야 할 포인트를 확인합니다. 그리고 자신의 음악적 지식과 연주 실력을 바탕으로 곡을 재해석해 가장 적합한 스타일로 연주해야 합니다. 세션맨은 오랜 연습을 통해 다른 연주자와 차별화된 연주색깔을 가지고 있어야 인정받을 수 있습니다.

대학의 실용음악과에 진학하거나 음악학원에서 전문 연주 교육과정을 밟아 전문성을 키운 후 활동하는 경우가 많습니다.

12. 스코어리더

스코어리더는 클래식음악 공연 촬영 전에 미리 연주내용을 분석하여 카메라의 흐름을 구성하는 일을 합니다. 방송사에서 작업 의뢰가 들어오면 공연기획자에게 악보 등의 자료를 받아서 미리 그 공연에 대해 공부합니다. 그리고 언제 어떤 연주자를 찍어야 하는지, 오페라의 경우 어떤 가수가 어떤 장면을 연기하는지를 파악하여 화면이 전환될 타이밍을 정하고 '카메라 콘티(촬영을 위해 필요한 모든 사항을 기록한 대본)'를 짭니다. 스코어리더의 콘티 덕분에 우리는 더욱 흥미진진하게 클래식음악 연주를 즐길 수 있습니다.

스코어리더가 되려면 음악에 대한 전문적인 지식은 물론 방송에 대한 지식도 필요합니다.

커리어넷 http://www.career.go.kr/

워크넷 http://www.work.go.kr/

한국저작권위원회 http://www.copyright.or.kr/

월간 저작권문화 / 한국저작권위원회

한국음악저작권협의회 https://www.komca.or.kr/

한국음악실연자협회 http://www.fkmp.kr/

문화체육관광부 http://www.mcst.go.kr/

여성가족부 http://www.mogef.go.kr/index.jsp

[네이버 지식백과] 파퓰러음악용어사전 & 클래식음악용어사전/ 삼호뮤직

미디어 음악 / 김정아 / 커뮤니케이션북스

음악 프로듀싱 / 김윤철 / 커뮤니케이션북스

방송연예산업경영론 / 심희철, 김수환, 김기덕, 이동열, 김다령, 최희영, 권지안, 이은영, 홍원근, 손근형, 김길호 / 북코리아

알고 싶은 직업, 만나고 싶은 직업2 / 한국고용정보원 저 / 진한엠앤비

미래의 직업세계(직업편) / 교육원, 한국능력개발원 저 / 진한엠앤비

교과목별로 정리한 직업백과사전 / 무라카미 류/ 에듀멘토

14살, 내 꿈을 잡아라 / 한선정 / 조선북스

프로툴즈를 활용한 작곡과 프로듀싱 / 심영섭 / 동락

공상이상 직업의 세계 / 김봉석 / 한겨레출판

리얼Real
작곡가 · 작사가 · 프로듀서

초판 1쇄 발행 2017년 3월 6일
초판 5쇄 발행 2022년 5월 16일

지은이 | 〈MODU〉 매거진 편집부, 박경임
사진 | 〈씨네21〉 오계옥, 줌바스 뮤직그룹
펴낸곳 | (주)가나문화콘텐츠
펴낸이 | 김남전
편집장 | 유다형
기획 · 편집 | 이보라 설예지 김아영
교정교열 | 주인공
디자인 | 양란희
마케팅 | 정상원 한웅 정용민 김건우
경영관리 | 임종열

출판 등록 | 2002년 2월 15일 제10 - 2308호
주소 | 경기도 고양시 덕양구 호원길 3-2
전화 | 02-717-5494(편집부) 02-332-7755(관리부)
팩스 | 02-324-9944
홈페이지 | ganapub.com
이메일 | ganapub@naver.com
ISBN 978-89-5736-902-9 (04300)
    978-89-5736-868-8 (세트)

「이 도서의 국립중앙도서관 출판시도서목록(CIP)은 서지정보유통지원시스템 홈페이지(http://seoji.nl.go.kr)와
국가자료공동목록시스템(http://www.nl.go.kr/kolisnet)에서 이용하실 수 있습니다.(CIP제어번호: CIP2017004389)」